# 행복의 자본론

Capital theory of Happiness

# 행복의 자본론

얼마를 벌어야
행복해질까

다치바나 아키라 지음 | 박재현 옮김

시목 始木

저는 이 책에서 행복의 토대를 '금융자산' '인적 자본' '사회 자본'이라는 세 가지 자본의 조합으로 생각했습니다. '자본'을 많이 가진 사람은 행복하고 조금 가진 사람은 행복하지 않다는 것은 원리적인 사고방식으로, 국적과 관계없이 모두에게 적용됩니다.

'행복의 법칙'이 이렇게 심플한데 왜 대다수 일본인은 자신이 불행하다고 생각하는 걸까요? 여기에는 태생적인 이유가 있다고 생각합니다. 일본인의 뇌는 '행복 호르몬'이라고도 불리는 세로토닌을 운반하는 능력이 낮아, 우울증에 걸릴 확률이 높습니다. 혹자는 이것을 '풍토병'이라 할 정도입니다.

또한 일본에서는 오랜 세월 남자는 정년 때까지 회사에 다니는 것이, 여성은 30세 이전에 결혼해 전업주부로 육아에 전념하는 것이 행복이라 여겨왔습니다. 그러나 '인생 백세 시대'를 맞이한 지금 이렇게 하다간 노후 파산을 맞이할 뿐입니다. 남편 혼자 40년간 일해서 얻은 수입으로 내 집 마련과 자녀의 대학 교육, 오랜 세월 이어질 노후(부부를 합하면 80년!) 자금까지 감당할 수는 없습니다.

지금까지의 방식으로 안 될 것 같으면 새로운 방법을 시도해야 하는데, 대부분의 일본인이 그 첫걸음을 내딛지 못하고 있습니다. 이렇게 일본 사회는 미래에 대한 큰 불안에 휩싸여 있습니다. 여론조사가 나타내고 있듯이 지금은 그럭저럭 만족한다 해도, 앞으로는 생각지 못한 심각한 일을 맞이하게 될 것입니다.

여기까지 읽고 '한국도 다르지 않다'고 생각할 수도 있습니다. 저 역시 그렇게 생각합니다. 왜냐하면 동아시아라는 동일 지역에서 살아가는 일본인과 한국인은 유전적으로 매우 닮았고, 문화적으로도 인적으로도 오랜 교류의 역사가 있기 때문입니다.

그렇다면 일본인과 한국인은 행복해지기 어려운 걸까요?

그렇지 않습니다. 최근 연구에 따르면 세로토닌 운반 능력이 낮은 유전자는 우울증의 원인이라기보다는 긍정적인 일에든 부정적인 일에든 감정적으로 매우 민감한 것뿐이라고 합니다.

만일 당신이 이 '민감 유전자'를 가지고 있다면(확률이 꽤 높을 것 같지만), 이 책에서 말하는 '행복의 자본'을 잘 조합함으로써 단 한 번뿐인 인생에 아름다운 꽃을 피울 수 있을 것입니다. 이 책이 그 과정에 조금이라도 도움이 된다면 좋겠습니다.

다치바나 아키라

차례

## Part 3 자아실현, 일하는 것이 최고의 투자



## Part 4 사회 자본, 진정한 행복의 비밀

프롤로그

# 지금 여기 있다는 것, 그것이 기적

아주 단순한 사실로 이 책을 시작하고 싶다. 바로 '당신이 지금 여기 있는 것 자체가 기적'이란 것이다.

철학이나 종교, 영적인 이야기를 하려는 것이 아니다. 아버지와 어머니가 만나, 두 사람의 수많은 유전자 조합 중 운 좋게 선택돼 이 세상에 태어난 당신은 숱한 일들을 겪으며 오늘에 이르렀다. 이 우연을 '기적'이라 생각하지 않을 사람이 있을까. 그런 우연 가운데서도 특히 '이 시대, 이 나라에 태어난 것이 가장 큰 행복'이라 말하고 싶다.

여기저기서 비난의 목소리가 터져 나올지도 모르겠다. 일본 경제는 사반세기나 디플레이션에 허덕이고 있고, 그 결과 비정규직, 워킹푸어, 니트족, 은둔형 외톨이가 급증했다. 젊은 사람들은 악덕 기업의 횡포로 자살에 내몰릴 만큼 노동력을 착취당하고, 고령자들에겐 노후 파산과 고독사라는 미래밖에 남지 않았다.

내가 이런 상황을 부정하는 것은 아니다. 하지만 이 나라에서 한 걸음만 밖으로 나가도 '아래를 보면 끝도 없는데, 위를 보면 바로 저기에 천장'이 있는 현실을 곧 깨닫는다.

전쟁이나 내란으로 고향을 빼앗기고 살기 위해 매서운 겨울 바다를 건널 수밖에 없는 난민들, 광신도 집단 IS(이슬람)의 지배를 받는 사람들만을 말하는 것이 아니다. 냉전이 끝나자 아시아나 중남미에서는 더 이상 무수한 시민을 희생시키는 무력 충돌이 일어나지 않게 됐다. 하지만 중동이나 아프리카에서는 여전히 권력 과잉 또는 공백으로 고통받는 사람들이 많다.

그에 비해 일본은 치안이 안정되어 있고, 패전 이후 70년 넘게 전쟁과 거리가 먼 나라다. 또한 세계 3위의 경제 대국으로, 국민의 풍족함을 나타내는 지표인 1인당 GDP도 매우 높다.

요즘 언론이 쏟아내는 '훌륭하다, 일본' 식의 이야기가 아니다. 전 세계 많은 나라에서 심각한 사회 대립과 분단이 드러나고 있다. 사람들이 자국 정치에 큰 불만을 느끼고, 때로는 극렬히 분노를 표출한다. 일본 아주 가까이에도 '민주주의'와 거리가 먼, 민중이 제 목소리를 내는 것조차 용납되지 않는 나라가 있다. 이것이 '아래를 보면 끝도 없다'란 말의 의미다.

그렇다면 '이상적인 국가'는 어디에 있을까?

전후 일본은 줄곧 미국을 '민주주의의 교과서'로 추앙하고 부러워하면서도 동시에 반발해왔다. 그 미국에서 희대의 포퓰리스트 도널드 트럼프(Donald Trump)가 대통령으로 선출돼, 미국 각지에서 격렬한 항의 시위가 벌어졌다. 이제는 미국과 일본 중 어느 쪽 민주주의가 더 나은지 알 수 없게 됐다. 파랑새는 어디에도 없는 것이다.

UN은 매년 1인당 GDP, 건강 수명, 남녀평등, 정치 및 행정의 투명성, 선택의 자유 등을 수치화해 '세계 행복 순위'를 발표하는데, 높은 순위는 늘 북유럽 국가들이 차지한다(캐나다, 오스트레일리아 등 앵글로색슨이 이민해 세운 나라들이 그 뒤를 잇는다). 최근에는 '신자유주의(Neoliberalism) 복지 국가'라 불리는 스웨덴, 덴마크의 정치 및 사회 제도가 여러 가지 면에서 일본보다 뛰어나다며, 고용제도나 교육제도 등을 배우는 경우가 많다. 하지만 그것을 '행복한 이상 사회'라고 부를 수 있는가는 별개의 문제다.

덴마크에서는 유색 이민자의 국외 추방을 부르짖는 국민당이 각외협력(내각책임제에서 내각의 성립에는 협력하지만 다른 사업에는 적극적으로 협력하지 않는 일-옮긴이)의 형태로 정권의 일부분을 차지했다. 네덜란드 총선에서는 '유럽의 이슬람화 저지'를 주장하는 헤이르트 빌더르스(Geert Wilders)의 자유당이 많은 표를 얻었다. 세계에서 가장 자유로운 나라들이 곧 '반이민' '반EU'라는 우파 포퓰리즘이 마구 날뛰는 사회이기도 한 것이다.

동남아시아의 비치 리조트에는 북유럽의 '행복한 나라'에서 이주한 사람들이 수두룩하다. 길고 추운 겨울을 피하는 것이 가장 큰 목적이겠지만, 그들과 이야기해보면 "그런 사회에서 사는 것은 질색"이라는 불만이 끊임없이 튀어나온다. 여기서는 자세히 다룰 수 없지만, 북유럽은 이민 문제로 국론이 나뉘고 철들 무렵부터 죽을 때까지 '자기 책임'과 '자기 결정'으로 살아갈 것을 강요당하는, 개인주의가 극한까지 치달은 매우 특수한 사회다. 이것이 '위를 보면 바로 저기에 천장'이라는 말의 의미다.

하지만 절망할 필요는 없다.

자칭 '지식인'이라는 사람들은 "자본주의가 끝나고 경제 대혼란이 찾아온다."거나 "사회가 우경화돼 다시 전쟁에 휩쓸린다." 같은 불길한 예언을 퍼뜨리고 있다. 그러나 과거 100년을 살펴보면 우리 사회는 줄곧 안전했고, 사람들의 삶은 풍요로워졌다. 그리고 이는 300년 전, 500년 전, 1000년 혹은 1만 년 전과 비교해도 마찬가지다.

과거에는 지극히 일부의 특권층만이 풍족한 삶을 누릴 수 있었다. 그러나 지금은 보다 많은 사람이 '행복의 조건'에 근접해 있다. 봉건시대, 근대나 현대 초만 해도 '평민'이 행복에 대해 말하는 것은 상상조차 할 수 없었다.

그렇다면 어째서 영화 〈3초메의 석양(三丁目の夕日)〉(1960년 무렵을 배경으로, 가업이 망하고 부모와 형제를 잃고 병에 걸리는 등 불우한 환경 속에서 온갖 고초를 겪는 이야기-옮긴이)이 이상적으로 여겨지는 것일까?

많은 사회학자들이 지적하듯 그 시절은 풍족함, 범죄율, 남녀차별, 신분 차별 등 모든 지표에서 지금보다 훨씬 살기 힘든 사회였다. 그러나 고도 경제성장을 이룬 뒤에 회상하니까 "젊고 희망으로 가득했다."고 착각하는 것이다.

사람은 사고나 범죄, 전쟁, 천재지변 같은 부정적인 일에 강하게 사로잡힌다. 참담한 사고가 일어나면 대대적으로 보도되지만, '아슬아슬하게 사고를 막은 일'은 뉴스거리가 되지 못한다. 이는 언론이 편향돼서가 아니라 시청자가 그런 것에 아무 관심이 없기 때문이다.

우리가 유전적으로 강한 부정 편향(negativity bias)을 갖고 태어나는 이유는 뭘까?

그것은 사나운 육식동물이 우글거리는 구석기시대, 초원에서 느긋하게 햇볕을 쬐는 사람과 늘 주위를 힐끔힐끔 살피는 사람, 둘 중 누가 더 많은 자손을 남겼을지를 생각해보면 바로 알 수 있다. 우리는 모두 '겁쟁이'의 자손으로, 언론은 이 부정 편향을 이용해 비참하고 끔찍한 사건을 찾아 매일 주위를 두리번거리고 있는 것이다.

"200~300년 전과 지금을 비교한들 무슨 의미가 있는가? 문제는 (디플레이션이나 우경화로) 지금 점차 살기 어려워지고 있다는 것이다."라는 반론도 있을 것이다. 그러나 '일본이 세계의 정점에 섰다'고 여겨지던 1980년대에는 (그때 나는 20대였다) 명문 대학을 졸업하고 관료가 되거나 일류 기업에 취직하는 것 말고는 사회적으로 성공할 길이 없었다.

1980년대 말, 거품경제로 이런 구조에 균열이 생기자 그때까지 사회 밑바닥에 있던 (야쿠자와 다름없는) 사람들이 멋들어진 옷을 차려입고 등장했다. 하지만 거품이 꺼지고 폭력단 대책 법이 시행되면서 이 틈은 곧 막히고 말았다.

그 뒤, 거센 세계화의 물결로 일본 사회는 근본부터 흔들렸다. 그리고 결코 무너질 리 없다고 믿었던 거대 금융기관이 속속 쓰러지는 경제 혼란기를 거쳐, 젊은이도 맨손으로 큰 부를 '합법적'으로 얻을 수 있는 시대가 찾아왔다.

역사를 냉정히 돌아보면 '경제적으로 성공할 기회'라는 의미에서 지금의 일본은 과거 그 어느 때보다 풍요롭다. 즉 우리는 지금 일본에서 살고 있다는 것만으로도 대단한 운을 거머쥔 것이다.

그렇다면 이제 생각해야 할 것은, 이 '기적'과 '운'을 살려 어떻게 '행복한 인생'을 만들어나가느냐다.

내가 전작들에서 자주 한 말이 있다.

**사람은 행복해지기 위해 살아가지만, 행복해지게끔 디자인돼 있지는 않다.**

우리를 '디자인'한 존재는 오랫동안 '신(神)'이라는 이름으로 불려왔다. 그러나 지금은 다들 그 신의 이름이 '진화'라는 것을 안다. 생명이 탄생한 이래, 기나긴 진화의 역사는 인체뿐 아니라 마음까지 만들어왔다. 우리가 웃고 울고 사랑하고 절망하는 것 모두 '진화 프로그램'으로 이해할 수 있다. 그리고 그 프로그램, 즉 유전자의 목적은 숙주인 우리를 행복하게 만드는 것이 아니라, 오로지 자기 복제와 증식에 있다.

유전자에 각인된 프로그램은 강력하지만, 환경에 맞춰 발 빠르게 변화하는 능력은 없다. 그래서 "사람은 원시인과 같은 마음으로 아스팔트 정글에서 산다."는 말이 생긴 것이다. 인생의 숱한 어려움도, 세계 각지의 참담한 사건도, 그 대부분은 유전자에 각인된 프로그램과 현대 가치관이 일치하지 않아서 생긴다(자세한 내용이 궁금한 사람은 졸저《말해서는 안 되는 너무 잔혹한 진실(言ってはいけない残酷すぎる真実)》을 읽어보길 바란다).

그러나 이런 어려움 속에서도 얼마든지 '행복한 인생'을 실현시킬 전략을 세울 수 있다. 우리가 살고 있는 세계는 충분히 풍요롭고, 기술이 고도로 발달했기 때문이다. 인류는 지금 이런 이점을 살려 진화가 만든 혹독한 제약을 극복하려 하고 있다.

이 책에서는 '금융자산' '인적 자본' '사회 자본'이라는 세 가지 자본(자산)으로 '행복하게 살기 위한 기반(인프라)'을 설계하자고 제안한다. 이는 매우 단순하지만 그렇기 때문에 아주 강력하다. 이 책에서 제안하는 바에 따라 올바르게 인생을 '설계'한다면 누구나 '행복의 조건'을 손에 넣을 수 있기 때문이다.

"그런 솔깃한 이야기가 있을 리 없다."고 생각하는 사람도 있을 것이다. 하지만 이 책을 끝까지 읽고 나면 충분히 수긍하리라 생각한다. 왜냐하면 당신이 지금 여기에 존재하는 '기적'과 '운'을 살릴 방법이 이것밖에 없다는 의미에서 논리적이고 보편적인 제안이기 때문이다.

Capital theory of
Happiness

# Part 1

# 행복에도
# 자본이
# 필요하다

# 001 행복의 세 가지 인프라

행복을 말하려면 먼저 '행복'이 무엇인지 정의 내려야 한다. 여기서는 '집'에 비유해보고 싶다.

행복이 주관적인 것처럼 '살고 싶은 집'도 사람마다 다르다. 유럽의 성 같은 대저택, SF 영화에 나올 법한 최첨단 기술로 가득한 집, 나무의 온기를 살린 전통 가옥……. 개중에는 관리가 힘드니 아파트가 좋다는 현실적인 사람도 있을 것이다. 어떤 집이 훌륭한지 서열을 매길 수 없는 이상 '모두가 좋은 집'이다.

그러나 단 한 가지 공통점이 있다. 꿈에 그리던 내 집이 갑자기 무너지면 전부를 잃고 만다는 것이다. 구조계산서를 위조하거나 기초공사를 부실하게 한 아파트가 큰 사회문제가 되기도 했지만, 좋은 집을 지으려면 무엇보다 토대가 튼튼하고, 제대로 설계돼야 한다.

행복도 마찬가지다. 튼튼한 기반 위에 바르게 설계돼야 한다. 여기서는 그 기반을 '인생의 인프라'라고 부르고자 한다. 쉽게 말해

'행복의 조건'이다.

그런데 세상에 떠도는 수많은 '행복론' 가운데 인생의 인프라를 논하는 것은 거의 없다. 이는 마치 토대를 무시한 채 집을 짓고 인테리어나 선반에 놓을 그릇 브랜드를 고민하는 것과 같다.

열악한 토대 위에 무리해서 지은 집은 언젠가 무너진다. 기반 없이 '행복한 가족'인 양 아무리 연기해봤자 끝내 파탄을 맞아 모든 것을 잃고 만다.

## 설계할 수 있는 것과 없는 것

그렇다면 행복의 인프라란 뭘까? 언뜻 여러 조건이 떠오를 것이다.

막대한 부, 권력이나 명예, 모두가 부러워하는 배우자, 젊음과 미모, 화목한 가정……. 혹은 위중한 병에 걸리거나 교통사고로 크게 다치거나 사랑하는 사람을 잃는 등 부정적인, 행복을 파괴하는 일을 떠올리는 사람도 있을 것이다. 모든 것이 인생에 큰 영향을 미치겠지만, 그중에는 자기 힘으로는 어쩔 수 없는 것도 있다.

그래서 먼저 행복의 조건을 '설계할 수 있는 것'과 '설계할 수 없는 것'으로 나눠볼까 한다. 설계할 수 없는 것은 '운명'으로, 쉽사리 바꿀 수가 없다. 달리 말하면 우리는 정해진 운명, 즉 이미 주어진 환경을 받아들인 채로 자기 인생을 설계해가는 수밖에 없다.

그러나 실망하기는 아직 이르다. 비록 운명은 바꾸지 못하지만 과학기술의 급속한 진보로 '설계할 수 없는 것'이 점점 줄어들고 있기 때문이다.

1940년대에 치료제가 발견되기 전까지 결핵은 '불치병'이었지만 지금은 아니다. 몸 어딘가에 장애가 있는 것은 큰 흠이었지만, 오늘날 패럴림픽에서 활약하는 선수들은 첨단 기술을 이용한 보조 기구 덕분에 '비장애인' 이상의 성적을 목표로 한다. 인공지능을 비롯해 과학기술이 빠르게 발전하고 있으니 이제껏 '운명'이라 여긴 많은 것들이 '설계할 수 있는 것'으로 바뀔 것이다.

게다가 사회가 풍요로워지고 다양한 직업이 등장하면서 인생의 선택지가 점차 늘어나고 있다. 신분제 사회였을 때 아이들은 부모의 직업을 이어받는 것 외에 선택지가 거의 없었다. 이런 신분제는 인도 카스트제도 등 전통적인 사회에 여전히 뿌리 깊게 남아 있어 사람들의 인생을 집요하게 옭아매고 있다.

다행히 선진국에서는 '신분'이 없어지고, 사람들은 당연하게 스스로의 인생을 결정한다. 사람들은 지금껏 한정된 인생의 선택지 때문에 고통스러워했다. 그런데 부유한 나라의 젊은이들은 이제 선택지가 너무 많아 곤혹스러워하고 있다. 이론상으로는 어떤 '신분'이든 될 수 있기에, 지금의 자신을 긍정하기가 힘들어진 것이다. 이 골치 아픈 문제도 인생을 바르게 설계함으로써 어느 정도는 해결할 수 있다. 여기에 대해서는 뒤에서 자세히 다루도록 하겠다.

행복의 조건으로는 다음 세 가지를 꼽을 수 있다.

① 자유

② 자아실현

③ 공동체(유대)

이 세 가지 조건은 다음의 세 가지 인프라와 대응한다.

① 금융자산

② 인적 자본

③ 사회 자본

이를 간단히 풀이한 것이 도표 1이다. 이 책에서 앞으로 설명할

도표 1 **행복의 세 가지 인프라**

이야기가 이 단순한 도표에 모두 담겨 있다.

인생을 지지하는 세 가지 자본(자산)에 의해 행복의 조건인 자유, 자아실현, 공동체(유대)가 정해진다. 그 위에 어떤 집을 지을지는 각자의 가치관에 따라 정하면 된다. 이것이 이 책의 기본적인 주장이다.

## 자본과 자산은 동전의 양면

구체적인 이야기에 앞서 자본과 자산이 어떻게 다른지 설명해두고자 한다.

자본과 자산은 돈을 다른 측면에서 설명하는 약속이다. 당신이 1000엔으로 책을 샀다고 해보자. 이 경제행위를 돈의 조달이라는 측면에서 보면 자본이고, 돈의 사용법에서 보면 자산이다. 쉽게 말해 자본은 '부를 만드는 힘'이고, 자산은 '부를 만드는 방법'이다.

지갑에 든 1000엔짜리 지폐는 그 자체로는 종잇조각에 불과하지만, 시장에서 가치를 가지는 재화나 서비스로 바꿀 수 있다. 그 돈으로 책을 샀다면, 그 책에 1000엔 이상의 가치가 있다고 생각했기 때문이다. 1000엔으로 (주관적으로는) 1000엔 이상의 가치가 있는 책을 손에 넣었으니 당신은 이 경제적 거래로 부를 얻은 셈이다. 이때 당신은 지갑에서 조달한 1000엔의 자본을 운용해 1000엔 이상의 가치가 있는 (것이 분명한) 책을 자산으로 얻은 것이다.

물론 이 책을 팔려고 헌책방에 가져가면 100엔밖에 못 받을지도 모른다. 좁은 의미의 회계에서는 이 책의 자산 가치를 시장가격인 100엔으로 평가하지만, 책이 가진 가치가 이뿐이라면 아무도 책을 사지 않을 것이다. 사는 순간 900엔이나 손해를 보니 말이다. 말할 필요도 없이 책의 가치는 읽었을 때의 만족감이나 지식 획득에 있으며, 그것은 경험이라는 '자산'이 된다.

회계의 역할은 여러 경제적 거래를 일률적으로 평가하는 것이기 때문에 주관적 가치를 고려하지 않는다. 이것이 인생 설계를 회계 방식으로 생각할 때의 어려움으로, 주관적 가치는 금융자산 평가와는 무관하다. 주식이나 채권 역시 주관적 가치는 무의미하다. 오로지 시장가치(얼마에 팔리는가)가 전부이기 때문이다.

최근 들어, 금융자산의 범주에 부동산을 포함시키는 것이 상식이 됐다. 주식(채권)을 사서 배당(이자 지불)을 받는 것과 아파트를 사서 세를 받는 것은, 경제행위라는 점에서 똑같다. 주주들에게서 자금을 받아 부동산이나 관련 증권에 투자하는 리츠(REITs, Real Estate Investment Trusts, 부동산 투자신탁)를 생각하면 쉽게 이해할 수 있을 것이다.

주관적 가치가 문제가 되는 것은 자택이다. 금융 이론에서는 자택을 투자용 부동산과 구별하지 않고, 자신에게 임대한 부동산으로 본다. 이런 사고방식에 동의하지 않는 사람이라도 집을 처분하고 고향으로 돌아가거나 이혼으로 자산을 분할해야 할 경우, 주관적 가치가 아닌 시장가치가 전부라는 사실을 깨닫게 될 것이다.

자택과 관련해서는, 소유와 임대 중 어느 쪽이 유리한가 하는 문제부터 다양한 의견들이 있다. 여하튼 집 장만의 꿈을 이루면 일시적으로는 큰 만족감(행복)을 느끼겠지만, 결국에는 시장가치로 환원된다.

## 금융자본과 금융자산

금융자산을 축적하기 위해서는 어떻게 자금을 조달해 어디에 투자할지가 중요하다.

애당초 종잣돈이 없으면 투기도, 투자도 할 수 없다. 종잣돈은 저축이 될 수도 있고, 주식 신용거래처럼 빚이 될 수도 있다. 대부분 사람들은 내 집 마련 자금을 주택 대출이라는 거액의 빚으로 조달한다. 자산 운용 이론으로 보면 주식 신용거래와 똑같은 경제행위다.

투자는 자금 조달도 중요하지만, 그보다 조달한 자본을 어떻게 운용해 부를 만들어내느냐가 더 중요하다. 그 투자 대상을 목록으로 정리한 것이 자산으로, 크게 주식·채권 및 예금·부동산으로 나뉜다.

여기서 핵심은 효율적인 시장에서는 위험과 수익의 비율(위험 조정 후 수익)이 같고, 자산 종류에 우열이 없다는 것이다. 집(부동산)이 최고의 자산 운용이라면 세상에 주식을 사는 사람은 없을 것이다. 일본 정부는 국민의 금융자산을 저축에서 투자(주식)로 유도하고 있다. 하지만 금융 전문가의 말처럼, 주식 운용이 항상 유리하다면 이자가 전혀 붙지 않는 은행에 돈을 맡기는 사람이 있을 리 없다.

개인 투자가부터 연금 기금·보험사 등 기관 투자가, 헤지펀드 같은 전문 투자가에 이르기까지 금융시장 참가자는 각자의 위험 허용도와 목표 수익에 맞춰 (대체로) 합리적으로 행동한다. 투자 성과는 어느 금융 및 부동산 상품에 투자했는가와 상관없이 일정 기간(펀드라면 연 1회 결산, 개인이라면 가령 퇴직할 때) 뒤에 보유한 자산의 시장가치(여기에 그때까지 받은 이자나 배당 총액이 더해진다)로 평가된다. 그 외의 평가 기준은 없다. 이 말은 곧 '(위험 수준이 비슷하다면) 돈을 더 많이 번 쪽이 좋은 투자'라는 의미다(도박과 마찬가지로 '손해는 봤지만 유의미한 투자'라는 것은 없다).

돈을 불리는 데는 자금 조달도 자산 운용도 중요하다. 따라서 원래는 '금융자본(금융자산)'이라고 해야 하지만 그러면 좀 번거로운 감이 있다. 각자의 인생에서 중요한 것은 종잣돈 마련이 아닌 투자 및 운용 결과일 테니, 여기서는 '금융자본'이 아니라 '금융자산'이라고 간편하게 표현하겠다.

## 인적 자본과 사회 자본

투자가는 자신의 금융자본을 금융시장에 투자해 수익을 얻는다. 이때 위험이 따르기에 때로 손실을 입기도 한다. 이와 마찬가지로, 인적 자본이란 자신의 노동력을 노동시장에 투자해 급료나 보수라는 부를 얻는 것이고, 사회 자본이란 주위 사람들과의 관계성에서 부를 얻는 것이다.

비교해보면 인적 자본 쪽이 금융자본과 더 비슷하다. 하지만 인적 자본의 활용, 즉 일에서 얻을 수 있는 것을 전부 금전으로 환원할 수는 없다. 현대사회에서는 일을 통한 자아실현이야말로 행복의 조건이기 때문이다(이 이야기는 뒤에서 다루겠다).

사회 자본에 이르러서는 공동체(유대)에서 애정이나 우정 같은 부를 얻는다는 것은 누구나 알지만, 이를 시장가치 즉 금전으로 환산하는 것은 원리적으로 불가능하다. SNS 등 인터넷에서의 영향력을 수치로 나타내려는 시도가 있었지만, 실생활에 적용하기는 어렵다.

여하튼 주식이나 채권, 부동산처럼 실체가 있는 것이 아니라서 자산을 목록으로 만들 수 없다. 하지만 부를 낳는 힘, 즉 자본이라는 측면에서 매우 중요한 것만은 분명하다. 이런 이유로 인적 자산, 사회 자산이라 부르지 않고 인적 자본, 사회 자본이라고 하는 것이다. 우리가 인적 자본이나 사회 자본을 투자해 부, 다시 말해 자산을 손에 넣는 구조는 금융자산과 다르지 않다.

도표 2 **자본과 자산의 순환**

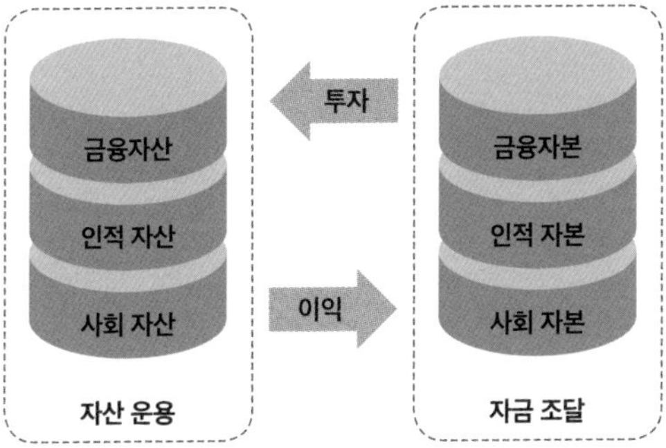


이를 표현한 것이 도표 2다. 금융자본, 인적 자본, 사회 자본이 자산으로 운용되고, 여기서 만들어진 이익이 재투자되고 있다. 인생 설계의 목적은 이 자금 조달과 자산 운용의 순환을 최적화하고, 보다 효율적으로 큰 부(행복)를 만들어내는 것이다.

# 002 인프라의 불균형이 빈곤을 부른다

내가 인생의 인프라를 구성하는 세 가지 자본(자산)에 생각이 미친 것은 현대 일본의 빈곤(특히 젊은 여성)을 취재한 논픽션을 읽었을 때다. "빈곤에는 흥미 없다."고 말하는 독자도 있을지 모르겠다. 하지만 빈곤 문제는 우리가 어떤 사회에서 살아가고 있는지를 이해하는 매우 흥미로운 사례다.

## 현실충실형과 가난만족형

저널리스트 스즈키 다이스케(鈴木大介)는 《최빈곤 여자(最貧困女子)》에서 현실충실형(リア充, 리얼충)과 가난만족형(プア充, 푸어충)에 대해 말했다.

현실충실형이란 일류 기업에 다니거나 친구나 연인이 있어 온라인에서뿐 아니라 실생활에서도 충실한 젊은이를 말한다. 한편 가난만족형은 연 수입이 빈곤 경계선을 크게 밑도는 100만~150만 엔이고, 지방에 사는 젊은이를 말한다. 스즈키의 말에 따르면 그들은 가난하지만 빈곤하지는 않다. 왜냐하면 그들이 일상생활에 충실하기 때문이다.

스즈키가 소개하는 가난만족형은 기타칸토(북부 관동 지방. 도쿄와 인접해 있다 - 옮긴이)에 사는 28세 여성이다. 그녀는 폐차 직전의 경차로 도로변에 있는 대형 점포를 돌며 거의 새것 같은 중고 명품 옷을 사고, 쇼핑몰 푸드코트에서 친구들과 차를 마시고, 100엔숍에서 파는 반찬으로 '100엔짜리 밥상'을 만든다. 고기가 먹고 싶으면 공원에서 바비큐 세트를 빌리고 정육점에서 일하는 고교 동창에게 갈비 2킬로그램을 받아, 고정 멤버들끼리 1인당 1000엔씩 부담해 바비큐 파티를 한다.

원룸 월세는 3만 2000엔(화장실에는 비데가, 부엌에는 IH 조리기가 있다), 식비는 월 1만 5000엔 정도. 한 달에 10만 엔 정도 받는 아르바이트비로도 그럭저럭 살아갈 수 있다.

좀 부담스러운 것은 기름값이다. 그러나 그것 또한 휴일에 친구들과 쇼핑몰 주차장에 모여서 차 한 대로 가고 싶은 곳을 둘러보고, 그 비용을 다 같이 나눈다. 이처럼 그녀의 생활은 친구들과의 관계에 의해 성립된다.

이들은 경제 상황이 엇비슷해 빈부 격차가 거의 없다. 생활이 고단하기는 해도 자기가 가난하다는 생각은 하지 않는다. 불행이나 빈곤은 상대적이어서, 객관적인 기준으로는 가난하지만 주관적으로는 만족스러운 사람이 있어도 이상하지 않다.

게다가 그들은 미래에 대해서도 현실적이라서, 맞벌이를 해야 생활도 인생도 안정된다는 사실을 잘 알기에 일찌감치 결혼한다. "(이 부근에서는) 여자가 30대만 돼도 임금이 오르지 않고, 오히려 해가 갈수록 제대로 된 일자리를 잡을 수 없다." 때문에 돈은 없어도 체력은 있는 20대에 첫애를 낳아, 서른 전에 '온 힘을 다해' 키워 아이를 초등학교에 보낸다고 한다.

부족한 수입을 인적 네트워크(사회 자본)로 보충하는 것은 동남아시아 같은 가난한 국가에서는 지극히 당연한 일이다. 필리핀 등에서는 가족 관계(혈연)가 중시되는 반면 일본의 지방에 사는 마일드 양키(출세 의지가 없고, 친구 관계를 중시하는 지방의 저학력·저소득 계층. 일본 20대의 15~30퍼센트가 여기에 해당한다고 추정된다-옮긴이)들은 '친구'를 사회 자본으로 삼는다.

지방 젊은이들의 교우 네트워크는 동급생 대여섯 명 정도의 고정 멤버를 강고한 축으로 하고, 또래 친구가 30명 정도, 선후배를 합하면 100명 정도가 된다. 이들은 고향을 사랑하고 친구를 소중히 생각하지만, 금융자산이나 인적 자본은 거의 없다. 세 가지 자본 중 사회 자본에 크게 치우쳐 있다는 점을 생각하면, 우정이나 애향심이라는 특정 가치관만 극단적으로 강해지는 것도 당연하다.

이들은 아르바이트나 비정규직으로 일하는 탓에 모아 놓은 돈이 없지만, 든든한 사회 자본 덕분에 충실한 인생을 살아갈 수 있다. 그러나 문제는 누구나 '친구의 범주'에 들어가는 것은 아니라는 사실이다.

친구 그룹이란 자신들과 잘 맞는 사람은 받아들이고 짜증 나는 사람은 배제하면서 성립하는 인간관계이기 때문이다. 이는 모든 공동체(커뮤니티)에 공통된 법칙으로, 참가 자격이 (때로 암묵적으로) 까다로운 만큼 내부 결속이 강하다.

그런 까닭에 어느 친구 그룹에도 속하지 못하는 사람이 생기고 만다. 오늘날 심각한 사회문제임에도 불구하고 집단 괴롭힘을 뿌리 뽑지 못하는 것은 그것이 인간 본성과 관계가 있기 때문이다.

지방은 끈끈한 인간관계를 기반으로 한 세계로, 일단 친구 그룹에서 배제되면 즐거운 일이라고는 하나도 없다. 그렇게 학교를 중퇴하거나 졸업하면 도쿄나 오사카 같은 대도시로 향한다. 이때 충분한 금융자산이나 인적 자본이 없으면 (사회 자본은 고향에 버리고 왔기에) 온갖 것을 긁어모아도 자본은 거의 없는 상태가 되고 만다. 스즈키는 이 같은 상태를 '빈곤'이라고 정의했다.

이제껏 경제 대국 일본의 젊은 여성은 빈곤과 무관한 삶을 살고 있다고 여겨졌다. '젊음' 하나만으로 충분히 시장가치가 있고, 마음만 먹으면 인적 자본을 유흥업소나 성매매 시장에서 현금화할 수 있기 때문이다. 저널리스트 나카무라 아쓰히코(中村淳彦)는《일본의 성매매 여성(日本の風俗嬢)》에서 2000년 무렵을 경계로 성매매 시장에 큰 지각변동이 일어났다고 지적했다.

하나는 저출산 고령화와 가치관의 다양화(초식남 등장)로 성매매 시장이 위축됐다는 것이다. 다른 하나는 여성이 '몸을 파는 것'에 저항감을 느끼지 않게 되면서 성매매로 돈을 벌려는 사람이 급증했다는 것이다.

수요가 줄고 공급이 늘어나면 당연히 시장 원리에 따라 가격이 떨어진다. 이것이 '섹스 디플레이션'이다. 과거에는 월 100만 엔을 버는 성매매 여성도 드물지 않았지만, 지금은 찾는 사람이 많은 일부 여성에 국한된 이야기다. 지방 성매매 업소의 경우에는 일주일에 나흘을 출근해도 월 수입이 20만 엔 정도로, 편의점이나 식당, 요양원에서 일하는 사람과 별반 다르지 않다.

빈곤 선상에 있는 젊은 여성에게 더욱 심각한 것은 경기 악화로 인해 성매매 업소도 신규 채용을 거의 하지 않는다는 사실이다. 그래서 현재는 응모자 열 명 중 고작 서너 명밖에 채용되지 않는다. 일본 사회는 (아마도) 인류 역사가 시작된 이래 처음으로, 젊은 여성이 몸을 팔려고 해도 팔 수 없는 시대를 맞이했다.

이렇게 해서 금융자산도 사회 자본도 없이 지방에서 도시로 온 젊은 여성들 중에 유일한 인적 자본인 섹스조차 현금화할 수 없는 계층이 나타났다.

그녀들은 성매매 업소에서도 상대해주지 않아, 인터넷이나 거리에서 직접 상대를 유혹하는 수밖에 없다. 그럼에도 돈을 충분히 벌지 못하고 방세가 밀려 원룸에서 쫓겨나 결국 인터넷 카페에서 지낸다. 이것이 '최빈곤 여자'가 생기는 경위다.

## 성매매 업소에서 일하는 고학력 여대생

최빈곤 여자가 생기게 된 요인이 성매매 여성의 대량 공급인데, 나카무라는《일본의 성매매 여성》에서 매우 놀라운 사례를 들었다.

게이오대학을 졸업하고 상장회사에서 일하는 한 여성은 대학 2학년 때부터 4학년 봄까지 요시와라(에도시대에 만들어진 유곽촌. 지금은 터키탕 거리로 알려져 있다 - 옮긴이)에 있는 터키탕에서 일했다. 그 밖에도 고베 후쿠하라의 터키탕에서 일하는 고베대학 법학부 3학년생, 지바 시내의 출장 마사지 업소에서 일하는 지바대학원 석사과정에 재학 중인 여성의 이야기가 차례로 나온다.

그녀들의 공통점은 지방 출신으로 집안이 가난해 처음에는 가정교사나 학원 강사로 생활비를 벌었지만, 그것만으로는 생계와 학업을 유지할 수 없다는 사실을 깨닫고 단시간에 큰돈을 벌 수 있는 성매매로 '전직'했다는 점이다. 지금 일본의 지방 출신 여대생에게 성매매는 주요한 수입원으로, "외모와 체형이 빼어나고 청순한 느낌을 주는 지방 출신, 혼자 살며 부모가 보내주는 생활비가 평균에 미치지 못하는" 여대생 세 명 중 한 명은 성매매를 한다고 봐도 무리가 없다고 나카무라는 말했다.

젊은 여성들이 성매매를 매력적으로 여기는 것은 고객에 따라 수입이 늘어나는 능력주의, 성과급 체계로, 출퇴근이나 일하는 시간, 휴일을 자유롭게 정할 수 있기 때문이다. 이런 근무 방식은 세계에서도 가장 선진적이다. 자발적으로 회사에 남아 몸이 부서져라 일하는 것이 당연한 일본식 노동 관행에 적응하지 못하는 젊은 이들에게는 지극히 매력적이다.

《일본의 성매매 여성》이 밝힌 또 다른 놀라운 사실은 성매매 여성들이 매우 견실하게 미래를 계획한다는 점이다.

도쿄 신오쿠보의 패션헬스(헬스클럽처럼 꾸민 업소로, 개별 공간에서 여성이 남성에게 마사지 등의 성적 서비스를 제공한다 - 옮긴이)에서 일하는 33세 여성은 요양 보호사 자격증을 갖고 있어, 앞으로 2년간 실무 경험을 쌓으면 케어 매니저(간병 전문가) 수험 자격을 얻는다고 했다. 육아 휴직 중에 AV 배우로 데뷔할 것이라는 35세 여성은 단기 노인 요양원에서 현장 주임으로 일하고 있었다. 오사카 난바에 있는 SM 클럽에서는 그곳에서 일하는 여성 아홉 명 중 세 명이 노인 간병과 관련된 일을 했다고 밝혔다. 그녀들 모두 나이가 들어 '성'을 팔 수 없게 되면 다시 노인 간병 일을 할 생각이었다.

성매매업계에 요양 관계자가 많은 것은 요양업계 임금이 너무 낮아서 그것만으로는 생계를 꾸릴 수 없기 때문이기도 하지만, 가장 큰 이유는 일의 성질이 비슷하기 때문이다. 그녀들의 입장에서 보면 고령자에게 제공하던 서비스를 남성에게까지 확장시킨 것이 성적 서비스인 셈이다.

과거에는 성매매가 여성의 생계를 위한 안전망이었는데, 지금은 요양업계가 성매매를 할 수 없게 된 여성들의 안전망이 되고 있다.

## 빈곤에 이르는 '세 가지 장애'

성매매가 젊은 여성에게 지극히 당연한 일자리 선택지 중 하나가 되면서 '직업인'으로서 요구되는 사항도 까다로워졌다. 과거 성매매의 세계는 사회의 상식에 적응하지 못하는 사람들이 살아가는 곳이었다. 하지만 지금은 지각하거나, 약속을 지키지 않거나, 자기 관리를 못하는 등 사회성 없는 여성이 가장 먼저 쫓겨나는 곳이다.

고객에게 선택되기 위해서는 기술뿐 아니라 커뮤니케이션 능력도 중요하다. 어떤 남성과도 대등하게 이야기하려면 사회문제를 비롯해 정치 및 경제, 법률, 국제 문제, 나아가 영화나 방송, 스포츠, 애니메이션, 예능에 이르기까지 다양한 지식이 있어야 한다. 성매매 여성으로 성공하기 위해서는 사회인만큼 혹은 그 이상으로 프로 의식을 가져야 한다. 인기 있는 업소에서 가장 많이 선택되는 여성은 아름다운 외모에 커뮤니케이션 능력이 뛰어나고, 두뇌도 명석해 능력 면에서는 일류 기업 사원 못지않다고 한다.

성매매 여성은 지금도 세상의 편견에 시달리는 반면 AV 프로덕션에는 지원자가 쇄도하고 있다. 자기 이름으로 작품을 발표하는 AV 여배우는 그라비어 아이돌(수영복 차림으로 섹시함과 귀여움을 강조하는 화보를 찍는 여자 아이돌 - 옮긴이)이나 레이싱 모델처럼 (일부) 젊은 여성들이 동경하는 직업이 됐다. 성매매 업소에서도 경쟁자들을 제치고 고객에게 선택되면 성취욕이 높아져 수입뿐 아니라 자아실현이나 존경 욕구(매슬로의 욕구 5단계 이론 중 각각 다섯 번째와 네 번째 욕구 - 옮긴이)도 채워진다고 한다.

그런데 한편에는 성매매의 세계에조차 발을 들여놓지 못하는 '최빈곤 여자'가 있다.

어째서 그녀들은 빈곤해졌는가. 많은 최빈곤 여자들을 취재한 스즈키 다이스케는 그 원인으로 '세 가지 장애'를 꼽았다. 바로 심신 장애, 발달 장애, 지적 장애다. 이는 현대사회의 최대 금기로, 이를 정면으로 지적했다는 점만으로도 《최빈곤 여자》는 높은 평가를 받아야 한다.

예컨대 스즈키가 만난 29세 여성은 어릴 때 부모에게 학대를 받다가 초등학교 5학년 때 보호시설에 들어갔지만 심각한 집단 괴롭힘을 당하고, 21세에 혼전 임신으로 결혼해 두 아이를 낳았다. 그런데 이번에는 남편의 심한 학대를 견디다 못해 아이들을 데리고 집을 나왔다. 성매매 업소에서 일하려고 찾아갔지만 "얼굴을 뜯어고치고 다이어트를 한 다음에 오라."는 소리에 자살을 시도한 적도 있다고 한다. 지금은 인터넷으로 매춘 상대를 찾아 두 아이와 근근

이 먹고살고는 있지만 전기·가스·수도요금, 방세까지 밀려서 쫓겨날 위기에 처했을 만큼 곤궁하다고 한다.

그토록 형편이 비참하다면 생활보호를 받으라고 하고 싶은 독자도 있을 것이다. 그러나 그 여성은 어려운 서류를 읽지도 못하고 설명을 들어도 도무지 이해할 수 없어 절차를 밟기는커녕 신청조차 하지 못했다(같은 이유로 소비자금융에서 대출도 받지 않았다). 그녀가 가장 걱정하는 것은 아이들을 아동보호시설에 빼앗기는 것이다. 그녀의 가장 큰 소망은 아이들을 데리고 재혼하는 것이다. 생활보호를 완강히 거부하는 것도 혹시 재혼할 때 무슨 문제가 생길까 봐 걱정해서다.

자칭 28세라는 어떤 '최빈곤 여자'는 체중 80킬로그램, 과한 화장, 롤리타 스타일의 미니스커트 차림으로 약속 시간보다 40분이나 늦게 스즈키와 만나기로 한 장소에 나타났다. 그녀의 수입원은 성매매로, 업자들끼리 암묵적으로 정한 최저액 2만 엔을 크게 밑도는 1만 2000엔을 받고 있었다. 상습적으로 지각하는 그녀를 다시 찾는 고객은 없었다. 그럼에도 업자가 그녀를 내쫓지 않는 이유는 다른 여자들이 꺼리는 고객도 마다하지 않기 때문이었다.

이런 압도적인 리얼리티 앞에서 '나쁜 것은 사회인가? 자기 책임인가?'라는 논쟁은 무의미하다.

최빈곤 여자가 사회 자본을 잃은 것은 (불우한 출생과 성장이라는 이유도 있지만) '세 가지 장애' 때문에 인간관계를 형성하기가 힘들어서다. 이것은 고향 친구 그룹에서 그녀들이 배제된 이유이기도 하다.

마찬가지로 지역 복지 센터 사람들도 사회인, 가정인으로서 '세 가지 장애'를 가진 상담자에게 공적 서비스를 제공하길 번거로워 한다. 그 결과, 가출 소녀를 보호해도 집에 연락하거나 지역 시설로 보내는 등 획일적으로 대응하고, 그 가출 소녀가 공적 서비스를 기피하는 악순환으로 이어진다.

그렇게 해서 금융자산도 인적 자본도 사회 자본도 없는 최빈곤 여자가 도시에 자연스레 모이게 된다. 그녀들의 안전망은 복지 단체나 NGO가 아닌 야쿠자나 브로커, 매춘업자가 제공한다. 왜냐하면 착취하기 위해서는 살려둬야 하기 때문이다.

## 003 인생의 여덟 가지 패턴

가난만족형과 최빈곤 여자는 똑같이 금융자산과 인적 자본이 (거의) 없다. 이들의 운명을 가른 것은 사회 자본이다.

앞에서 설명한 것처럼 사람은 금융자본, 인적 자본, 사회 자본을 '운용'해 부를 얻는다. 금융자산은 (부동산을 포함해) 재산이고, 인적 자본은 일해서 돈을 버는 능력이고, 사회 자본은 가족이나 친구 같은 네트워크다. 이 세 가지 자본(자산)의 합이 일정 수준을 넘으면 사람은 자신을 빈곤하다고 생각하지 않는다. 달리 말하면 이것들을 모두 잃은 상태가 '최빈곤'이다.

가난만족형의 전형은 지방에 사는 젊은이(마일드 양키)로, 수입은 빈곤 경계선 이하이고 모아놓은 돈도 없지만 친구들은 많다(도표 3).

그런데 어떤 이유로 이들이 친구 네트워크에서 배제되면 세 가지 자본(자산)이 전혀 없는 빈곤 상태가 된다(도표 4).

반대로 금융자산은 거의 없지만 고수입을 얻을 수 있는 일을 하

도표 3 **가난만족형**

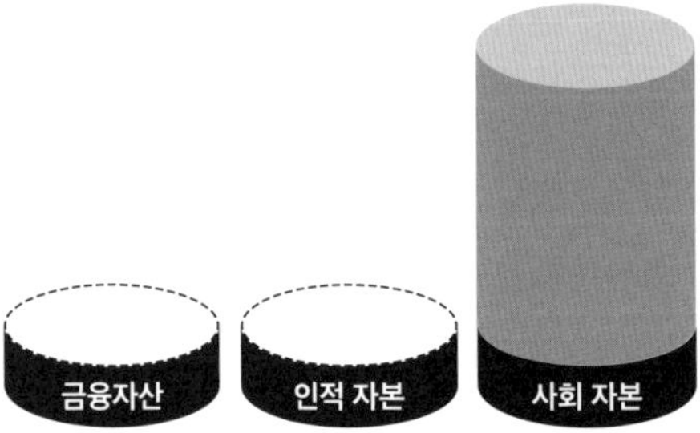


도표 4 **빈곤형**

도표 5 **현실충실형**

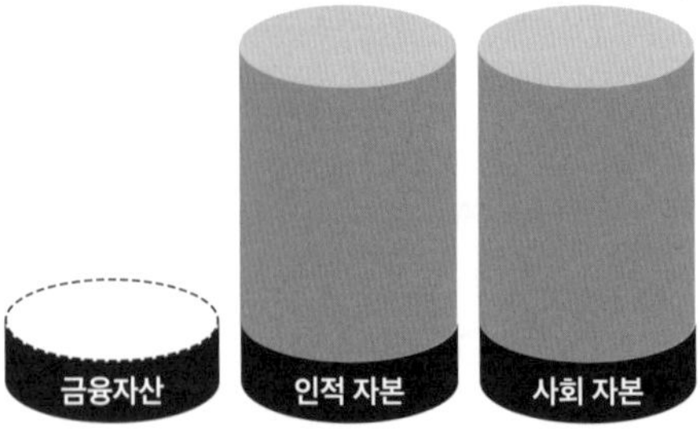

도표 6 **초충만형**

며 친구나 연인이 있는 젊은 사람도 있다. 인적 자본과 사회 자본 모두를 가진 그들은 '현실충실형'이라 불린다(도표 5).

이렇게 정리하면 인생에서 금융자산, 인적 자본, 사회 자본의 관계를 명확하게 이해할 수 있다. 이런 식으로 다른 패턴도 시각화해 보자.

먼저 남들이 부러워할 만큼 금융자산, 인적 자본, 사회 자본을 모두 가진 사람이 있다. 현실적으로 있을 수 없지만, 그런 인생은 너무도 만족스러울 테니 '초충만형'이라 부르자(도표 6).

다음은 인적 자본과 금융자산은 조금 있지만 친구가 없는(사회 자본을 가지지 못한) 타입으로, '부자'의 전형이다. 흔히 "부자는 고독하다."거나 "부자는 부자하고만 만난다."고 하는데, 이는 사회적으로 성공하면 여러 사람이 돈이나 권력을 노리고 접근해 좋지 않은 일을 많이 겪기 때문이다. 인적 자본(좋은 직장)과 금융자산(충분한 재산)이 있다면 성가신 인간관계(친척이나 친구)를 전부 끊어도 괜찮기 때문이기도 있다(도표 7).

반대로 금융자산과 사회 자본은 있지만 인적 자본은 없는(일하지 않는) 사람도 있다. 가진 재산을 호방하게 쓰는 타입으로 사람들에게 호감을 준다는 뜻에서 '호인형'이라고 부르자(도표 8).

현실충실형, 부자형, 호인형을 나란히 놓고 보면, 비록 초충만형에 이르지는 못해도 두 가지 자본만 가져도 그럭저럭 살아갈 수 있음을 알 수 있다.

따라서 이를 인생 성공 스토리로 받아들여도 될 듯하다. 젊은 시절에는 '현실충실형'으로 열심히 일하고, 성공해서 '부자'가 되면 (일이 바빠) 옛 친구들과 소원해지지만, 퇴직한 뒤에는 자산을 사회에 환원하는 '호인형'이 돼 모두의 존경을 받는다는 식으로 말이다.

가난만족형처럼 자본(자산)을 하나밖에 가지지 못한 타입이 또 있는데, 바로 금융자산만 있고 인적 자본과 사회 자본은 없는 전형적인 (독신) 퇴직자다. 이 경우 금융자산은 대개 연금이라는 형태로 국가가 도맡아 운용한다. 사회가 고령화되고 연금에 대한 불안이 중대한 정치 과제가 되고 있음을 이 도표로도 알 수 있다(도표 9).

인적 자본만 있고 금융자산과 사회 자본이 없는 젊은이들은 '솔로충실형(ソロ充, 솔로충)'이라 불린다. 이들은 결혼이나 자식에 별반 관심이 없다. 일해서 번 돈은 취미 생활에 쓰고, 이성 친구는 있지만 연인처럼 깊은 관계는 만들지 않는다(도표 10).

그런데 젊지 않으면서 그런 사람이 있다. 지금 막 자영업을 시작한 사람이 전형적인 예다. 이들은 인적 자본은 있지만 사업이 정상

도표 7 **부자형(투자가, 트레이더)**

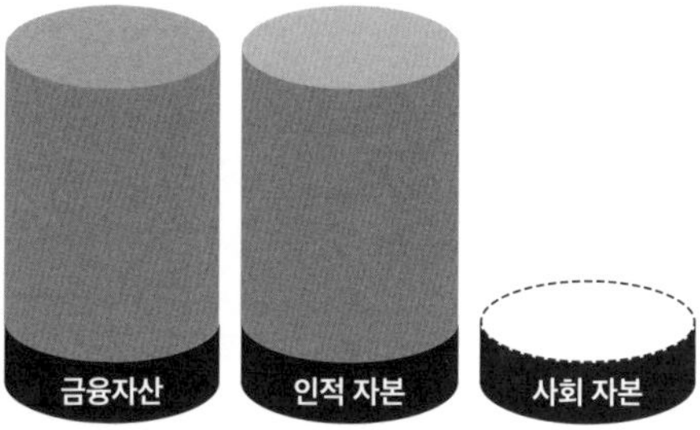


도표 8 **호인형**

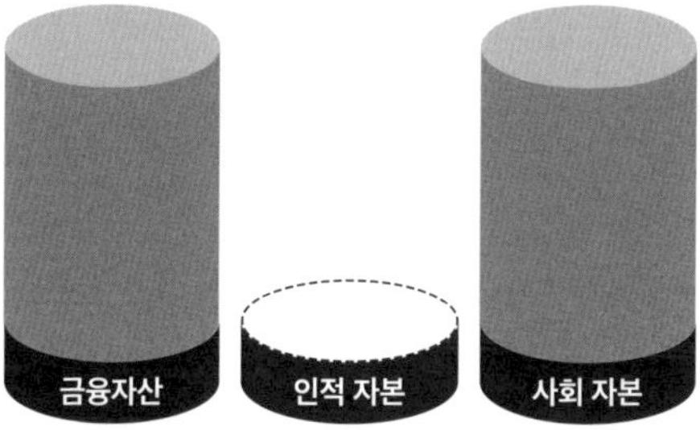


도표 9 **퇴직자형**

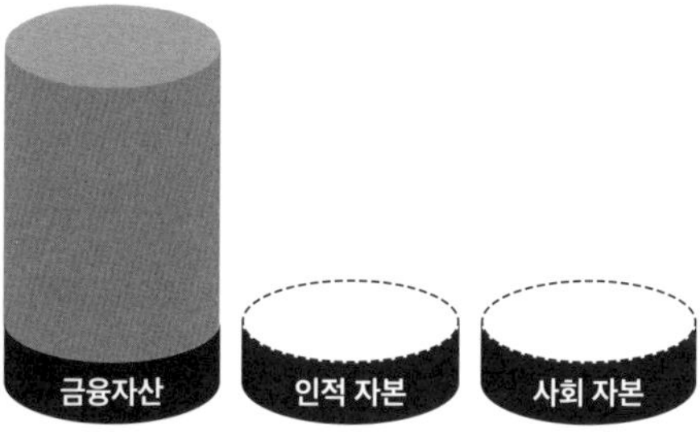

도표 10 **솔로충실형**

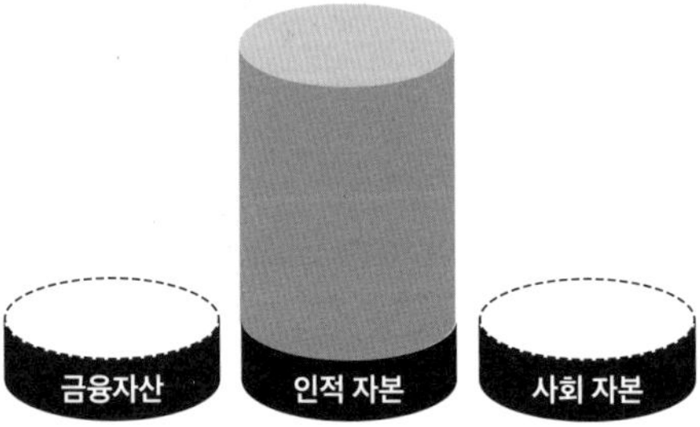


궤도에 오를 때까지는 금융자산을 축적할 수 없다. 자영업자에게 사회 자본(친구)이 부족한 것은 생활 패턴이 일반적인 직장인과 다르기 때문이다. 주말에도 일하고 수요일에 쉰다든가, 오후부터 일하기 시작해 한밤중에 귀가한다든가, 이런 생활이 계속되면 학창 시절 친구들이 만나자고 해도 응할 수 없어 일찌감치 교우 관계가 끊겨버린다.

## 행복을 만드는 장치

지금까지의 내용을 정리하는 의미에서 행복을 '인풋'과 '아웃풋'으로 생각해보자. 모델은 지극히 단순하다. 우리는 누구나 행복을 만드는 장치를 갖고 있다. 이 장치에 어떤 자극을 인풋 하면 어떤 메커니즘에 의해 행복으로 변환돼 아웃풋 된다.

도표 11 **행복을 만드는 장치**

이때 행복의 크기를 결정하는 요인은 단 두 가지다. 인풋의 양(혹은 질)과 행복을 만드는 장치의 변환 효율이다.

인풋 되는 것은 금융자산, 인적 자본, 사회 자본이다. 앞으로 찬찬히 설명하겠지만, 양이 많다고 꼭 좋은 것은 아니다. 인적 자본과 사회 자본의 경우에는 양보다 질이 더 중요하다. 나아가 인풋이 똑같더라도 큰 행복을 느끼는 사람과 어떤 감흥도 느끼지 못하는 사람이 있듯 행복을 만드는 장치의 변환 효율은 제각기 다르고, 그 메커니즘도 전혀 알려진 바가 없다(도표 11). 일시적으로 엄청난 명성을 얻는 등 사회 자본이 지나치게 인풋 되면 오히려 행복을 느끼지 못하기도 한다.

그러나 단 한 가지 분명한 사실이 있다. 인풋이 '제로'면 행복이라는 아웃풋도 '제로'가 될 수밖에 없다는 것이다. 퇴직자형이 금융자산을 가로채이거나, 인적 자본밖에 없는 솔로충실형이 직장을 잃거나, 사회 자본뿐인 가난만족형이 친구를 잃거나……. 이런 식으로 인생이 나락으로 떨어진 경우를 주변에서 쉽게 볼 수 있다. 이들이 불행해진 것은 행복을 만드는 장치에 인풋 할 것이 없어져 버렸기 때문이다.

이처럼 가진 자본이 하나밖에 없으면 사소한 계기로 빈곤이나 고독에 빠질 위험이 크다. 이에 비해 가진 자본이 두 가지면 인생의 안정도가 크게 높아진다. 다만 세 가지 자본(자산)을 모두 가진 초충만형이 되는 것은 거의 불가능하다. 왜냐하면 돈과 공동체의 도덕이 대립하기 때문이다. 이에 대해서는 뒤에서 자세히 설명하겠다.

인생을 금융자산, 인적 자본, 사회 자본이라는 세 가지 자본(자산)으로 보면 행복이라는 막연한 대상에 어느 정도 형태를 입혀 현실적인 전략을 궁리할 수 있게 된다. 이것이 이 책의 기본적인 아이디어다.

이제부터는 인생의 토대가 되는 세 자본(자산)을 중심으로 '행복 블랙박스'의 실체를 구체적으로 파헤쳐보자.

Capital theory of Happiness

Part 2

# 금융자산,
# 노 머니
# 노 프리덤!

# 001 얼마를 벌어야 행복해질까

금융자산을 생각할 때 가장 중요한 것이 경제적 독립이다.《황금의 문을 여는 현자의 해외 투자술(黄金の扉を開ける賢者の海外投資術)》이라는 책에서도 언급했지만, 경제적 독립을 이보다 잘 설명해줄 사례를 찾지 못해 다시 인용하고자 한다.

푸른 하늘은 드높고 바람은 다소 습했다. 선외기 굉음이 멈추자 주위가 적막에 휩싸였다. 이미 흰 베일에 싸이기 시작한 태양이 짜증스러우리만치 무더운 오후를 약속했다. 사방으로 흙빛 호수가 펼쳐진 가운데 멀리 낚싯배 여러 척이 보였다. 나는 넓은 호수 한가운데서 캄보디아 청년과 단둘이 외따로 있었다.

톤레사프 호수는 동남아시아에서 가장 큰 호수로, 앙코르와트로 알려진 시엠레아프에서 차로 1시간 정도 거리다. 나는 가이드가 말해줄 때까지 그 휑하니 넓은 수면이 바다인 줄 알았다. 무작정 여행 온 캄보디아에서 가이드를 겸한 택시 운전사가 선착장까지 데려와, 시간이 남아도는 관광선에 태운 것이다.

올해로 스물셋이 됐다는 까무잡잡한 젊은이는 조타수 겸 가이드로, 배를 세우고는 더듬거리는 영어로 호수의 전설을 이야기하기 시작했다. 그러나 나는 아름다운 무희의 기구한 운명보다 더 기묘한 정경에 시선을 빼앗겼다. 어디서 나타났는지 웃통을 드러낸 아이들이 놋대야를 타고 마치 엄지 공주처럼 노를 저어 다가왔다.

맨 처음 배에 닿은 것은 다섯 살쯤 돼 보이는 깡마른 남자아이였다. 아이는 뱃전에 있는 내 옆으로 대야를 붙이더니 깡마른 팔을 쭉 내뻗고 소리쳤다.

"기브 미 머니!"

이윽고 내 주위로 대야들이 모여들고 남자아이, 여자아이 할 것 없이 두 손을 뻗어 배를 흔들며 "기브 미 머니!"라고 소리를 높였다. 가이드 청년은 그 모습을 잠자코 바라보다가 어깨를 살짝 으쓱였다. 그리고 당황하는 내게 말했다.

"베트남 아이들이에요."

그러고는 상황에 그리 어울리지 않는 상큼한 웃음을 지어 보였다.

"베트남 사람은 이 호수에서 고기를 잡으며 여유롭게 살아가죠. 돈 줄 필요 없어요."

어색하고 긴 침묵이 이어졌다. 청년이 다시 엔진을 켜고 놋대야 아이들을 남겨둔 채 배를 출발시키더니 갑자기 말했다.

"모두 죽었어요."

청년의 아버지는 영어 교사로 강제 노동 수용소에서 처형당했다. 형제는 굶어 죽고, 살아남은 어머니와 둘이서 생활했다. 그 어머니도 그가 열 살 때 병으로 세상을 떠났다. 그 뒤로는 의지할 사람도 없이 혼자서 살아왔다. 겨우 조타수가 됐지만, 하루를 꼬박 일해도 몇백 엔밖에 벌지 못한다. 그 돈을 모아 영어를 공부하는 것은 자유를 얻기 위해서다. 자신은 허름한 집과 호수를 오가는 것 말고는 세상을 전혀 모른다. …… 그런 이야기였다.

헤어질 때 청년에게 약간의 돈을 건넸다. 그의 명예를 위해 덧붙이자면 그의 처지를 동정해서가 아니었다. 폴 포트(Pol Pot)가 통치한 시기는 베트남전쟁이 끝난 1975년부터 4년으로, 학살은 스물세 살인 그가 태어나기 전에 이미 끝났다.

그러나 전부 지어낸 이야기일지라도 그의 말에는 마음을 움직이는 뭔가가 있었다.

사람은 때로 생각지 못한 데서 중요한 것을 배운다.

우리는 모두 자유로운 인생을 당연하다는 듯 누린다. 그러나 그것은 석양 속에 떠 있는 무지개처럼 허무하다. 지금 손아귀에 있는 풍요로움을 전부 잃어도 당신은 여전히 자유로울 수 있을까?

나는 어리석은 탓에 이 당연한 사실을 오래도록 깨닫지 못했다. 관광객을 상대로 보트를 모는 캄보디아 청년도 알고 있는 사실을…….

그는 내게 몇 번이고 거듭 말했다.

"노 머니, 노 프리덤(No Money, No Freedom)."

## 시장원리주의자가 던지는 의문

자유는 누구에게도 무엇에도 예속되지 않은 상태다. 이를 위해서는 일정 조건을 만족시키지 않으면 안 된다. 그 조건이란 단적으로 말해 '돈'이다.

자유를 경제적인 의미에서 정의하자면, 국가에도 회사에도 가족에도 기대지 않고 자유로이 살아가는 데 충분한 자산을 갖는 것이다. 이것이 바로 '경제적 독립(Financial Independence)'이다.

이런 사고방식을 '시장원리주의(Market fundamentalism)'니 '신자유주의'니 하며 꺼리는 사람도 있다. 국회 앞에서 "민주의의를 지켜라."라고 목청껏 소리치는 시위자들, 그중 1970년대에 '반(反)안보' 학생운동을 겪은 단카이 세대가 그 전형일 것이다.

그들 대부분은 70대로 정년퇴직 후 연금으로 생활하고 있다. 그런데 장기화되고 있는 불황과 저출산, 고령화로 사회보장에 필요한 재원이 위기 상황이다. 이런 상황에서 법률이 바뀌어 "더 이상 모든 국민에게 연금을 줄 수 없게 됐으니 국회 앞에서 '일본 만세'를 외치고 도장을 받아라. 그 도장을 받은 애국자에게만 연금을 지급하겠다."고 발표하면, 국민연금에 전적으로 의존해 살며 노후의 즐거움으로써 기세등등하게 "민주주의를 지켜라."라고 소리치던 사람들은 어떻게 할까?

물론 개중에는 국가권력이 더럽힌 돈을 완강히 거부하고 무일푼 노숙자가 돼 저항하는 반골도 있을 것이다. 그런 삶도 나름 멋있다. 하지만 일흔, 여든이 넘어서도 그럴 수 있을까?

이것이 시장원리주의자가 던지는 의문이다. 물론 이는 그리 기발한 상정도 아니다.

저널리즘 세계에서는 표현의 자유가 당연시돼왔다. 그런데 어느 국영 방송국에 "정부가 '우'라고 말하는데 우리가 '좌'라고 말해서는 안 된다."고 주장하는 대표가 취임하면서 방송 제작 방침이 대폭 바뀌었다. 그럼에도 불구하고 언론인이 대거 사직했다는 이야기는 듣지 못했다.

오해가 없도록 말하지만, 나는 그들의 선택을 비판할 생각이 추호도 없다. 생활이 회사에 속한 샐러리맨이라면 오히려 당연한 일이다. 단지 그것을 '자유'라고 말할 수 없을 뿐이다.

이런 사례는 얼마든지 있다. 분식 결산으로 부정 회계에 발을 담근 가전제품 회사, 부정하게 측정한 연비 데이터를 내세워 차를 판 자동차 회사 등 일일이 열거할 수 없을 정도다. 사건이 드러난 뒤에 살펴보면 많은 관계자가 알고 있었고 회사의 폭주를 멈출 기회도 얼마든지 있었다. 어째서 사원들은 보고도 못 본 척했을까? 그것은 자신의 인생을 회사에 의탁하고 있기 때문이다.

이는 일본만의 이야기가 아니다. 독일 폭스바겐이 미국의 배기가스 규제를 피하기 위해 수차례 부정을 저지른 사실에서도 알 수 있듯 세계 어디든 마찬가지다.

우리는 살아가면서 여러 번 이런 혹독한 선택을 강요당한다. 그리고 대개 자유가 아닌 예속을 선택하지 않을 수 없다. 왜냐하면 경제적으로 독립하지 못한 채 국가나 회사 혹은 남편(집)에 의존해 살아가기 때문이다.

## 누구든 억만장자가 될 수 있는 잔혹한 시대

경제적 독립이라는 자유 사상을 맨 처음 일본인에게 가르쳐준 것은 투자가 R. 태거트 머피(R. Taggart Murphy)와 에릭 가워(Eric Gower)가 쓴 《일본은 부자. 당신은 가난뱅이. 그 이유는?(日本は金持ち。あなたは貧乏。なぜ?)》이라는 책이다.

그때까지 나는 자유란 주관적인 마음의 문제라고 소박하게 생각했다. 때문에 "노 머니, 노 프리덤(돈이 없으면 자유도 없다)."이라는 철저한 현실주의에 실로 큰 충격을 받았다. 그때부터 평범한 샐러리맨이 경제적 독립을 이루고 인생을 자유로이 살아가기 위해서는 어떻게 하면 좋을지 생각해《세상에 하나밖에 없는 황금 인생 설계(世界にひとつしかない「黄金の人生設計」)》란 책을 썼다.

그 후 경제적 독립과 자유의 관계는 로버트 기요사키(Robert T. Kiyosaki)의 베스트셀러 《부자 아빠 가난한 아빠(Rich Dad Poor

Dad)》로 널리 알려졌다. 그러나 유감스럽게도 그 내용을 몸소 실천하는 사람은 그리 많지 않은 것 같다. 그건 불가능하다며 포기해서일 텐데, 과연 불가능할까?

내가 앞으로 어떻게 살아야 할지 고민할 즈음, 큰 영향을 끼친 또 다른 책이 토머스 J. 스탠리(Thomas J. Stanley)와 윌리엄 D. 댄코(William D. Danko)의 《백만장자 불변의 법칙(The Millionaire Next Door)》이다.

뉴욕주립대학 교수였던 스탠리는 친구 댄코와 함께 1970년대에 미국 전역의 백만장자를 대상으로 대대적인 조사를 벌인 끝에, 뜻밖에도 부자들이 고급 주택가의 호화 저택이 아닌 서민들 이웃에 살고 있음을 발견했다.

스탠리와 댄코가 만난 백만장자들은 값싼 정장에 튼튼하고 연비 좋은 차를 고장 날 때까지 타서 주위의 어느 누구도 그들이 백만장자임을 알아차리지 못했다. 게다가 그들은 대개 넉넉한 가정이 아닌 평범한 가정 혹은 가난한 집안에서 태어났다.

수적으로는 지배층인 와스프(WASP, White Anglo-Saxon Protestant)가 절대적으로 많지만, 인구비로 보면 4위로 떨어진다. 출신 국가별로 본 백만장자의 비율은 러시아, 스코틀랜드, 헝가리에서 온 이민자로 대부분이 1세대였다. 사회 밑바닥에 있는 차별받는 사람이 백만장자가 될 확률이 높은 것이다. 부잣집에서 태어난 도련님과 아가씨는 유산을 축내기만 할 뿐이지만 차별받는 사람들은 그런 상황에서 어떻게든 벗어나기 위해 근검절약한다.

이런 설명에 "단지 이론상의 이야기일 뿐"이라고 생각한 사람도 있었을 것이다. 그래서 스탠리는 수입의 10~15퍼센트를 저축하고 꾸준히 검소하게 생활하면 누구든 그들처럼 백만장자가 될 수 있다고 조언했다. 정확하게는 평균 연 수입의 두 배가 필요하지만 부부가 맞벌이로 일하면 얼마든지 가능하다.

일본에서 평균적인 대졸 샐러리맨이 평생 얻는 수입은 약 3~4억 엔이다. 맞벌이 부부라면 약 6억 엔이고 그중 15퍼센트를 저축하면 그것만으로도 이미 9000만 엔이 된다. 가령 저축률을 10퍼센트(6000만 엔)로 해도 연이율 3퍼센트로 운용하면 퇴직할 때의 자산은 1억 엔이 넘는다.

이런 관점에서 보면, 어렵게 취직했으면서 결혼이나 출산을 계기로 전업주부가 되는 것은 경제적으로 매우 황당무계한 선택이다. 평생 수입으로 3억 엔을 벌 수 있는 인적 자본(노동시장에서 부를 획득하는 능력)을 버리고 당첨될 리 없는 로또를 사버리다니(로또 1등에 당첨될 확률은 교통사고로 죽을 확률보다 낮다), 과연 이런 선택이 가당하기나 할까?

미국, 유럽, 일본처럼 풍요로운 사회에서는 특별한 재능이 없어도 근검절약, 여기에 맞벌이만으로 누구나 백만장자가 돼 경제적 독립이라는 목표에 다다를 수 있다. 이는 언뜻 멋지게 보이지만 사실은 매우 잔혹한 이야기다. 노력만으로 누구나 부자가 될 수 있다면 빈곤은 사회제도의 모순이나 신자유주의의 음모가 아니라 오로지 당사자의 책임이 돼버리기 때문이다.

## 샐러리맨이 평생 내는 '세금' 1억 엔

분명히 당신은 이런 설명에 만족하지 못할 것이다. 철저한 근면과 절약이 행복한 인생을 가져오리라 단정할 수 없고, 65세에 백만장자가 된다고 해도 남은 인생이 그리 길지 않기 때문이다. 평균수명이 늘었다고 하지만 자유로이 활동할 수 있는 건강수명에는 한계가 있다. 많은 사람이 고통스럽게 일해서 고수입을 얻기보다는 좋아하는 일을 하며 즐겁게 살고자 하고, 쉰까지는(혹은 보다 빨리) 경제적 독립을 이루려 한다.

문제는 샐러리맨의 급여체계로는 백만장자의 꿈은 (설령 실현되더라도) 퇴직금을 받을 때까지 기다리지 않으면 안 된다는 데 있다. 더 이른 시기에 경제적 독립을 이루려면 인생의 어딘가에서 지름길을 찾아내야 한다. 이런 생각에서 집필한 책이 《부자가 되는 황금 깃털을 줍는 법(お金持ちになれる黄金の羽根の拾い方)》이다.

여기서 굳이 그 내용을 반복하지는 않겠다. 다만 이 책을 쓰게 된 계기인 어떤 단순한 의문에 대해 이야기하고자 한다.

세무사나 회계사는 "일본에서 진짜 돈을 버는 사람은 성공한 자영업자나 중소기업 사장"이라고 당연하게 말한다. 하지만 아무도 그 이유를 설명해주지 않는다. 그런데 직접 일인회사(자영업의 법인화)를 세워보면 놀라운 사실을 알게 된다. 샐러리맨과 수입이 똑같더라도, 손에 남는 실소득은 완전히 다르다. 그것도 합법적인 방법만으로!

이는 '개인'과 '법인'이란 두 가지 인격을 나눠 쓰기 때문이다. 어째서 이런 제멋대로인 (샐러리맨이 보기에는 화나는) 제도가 있을 수 있을까? 그것은 전쟁이 끝난 뒤 지방 상점 주인들과 지역에 뿌리를 둔 중소기업 경영자들이 정치인 후원회의 중추가 됐고, 이것이 특정 우체국이나 농협, 의사회 등을 웃도는 중요한 표밭이었기 때문이다. 이들의 편의를 봐주는 것은 자민당, 공명당, 공산당 등 모든 정당의 정치가에게 사활이 걸린 문제였다. 그런 까닭에 수입이나 자산의 많고 적음에 상관없이 자영업자나 중소기업은 모두 '사회적 약자'로 우대받았다.

흔히 일본의 소득세율이 다른 나라에 비해 낮다고 한다. 틀린 말은 아니다. 하지만 사실 이 계산에는 후생연금(일본의 공적 연금 중 하나-옮긴이)이나 조합건강보험(건강보험조합에서 운용하는 노동자 보험으로, 주로 대기업 사원이 가입한다-옮긴이) 같은 사회보험비가 들어가 있지 않다. 모두를 위한 세금이 아닌 '자신을 위한' 연금 적립이나 보험료로 치기 때문인데, 재정학에서는 이런 부담도 '사회보험세'로 친다. 일본의 사회보장제도에서 기업이 징수한 사회보험료는 국민연금이나 노인 의료비의 적자를 메우기 위해 대규모로 유용되기에 실질적으로는 '세금'이다.

자세한 계산은 생략하지만, 연 수입 600만 엔(월 수입 약 35만 엔, 보너스 5개월분)을 받는 평균적인 샐러리맨은 소득세, 주민세에 사회보험료(간병 보험료 포함)로 연간 114만 엔을 국가에 납부한다(실제 세 부담률 19퍼센트).

이것만 해도 매우 큰 금액인데, 사실은 여기서 끝나지 않는다. 사회보험료의 절반은 기업이 부담한다. 기업은 봉사하는 마음에서 사원의 보험료를 내주는 것이 아니다. 인건비에 포함시킨다. 샐러리맨의 부담을 가벼워 보이게 하려는 속임수일 뿐이다. 이를 개인 부담으로 계산하면 연 수입 600만 엔(회사가 부담하는 보험료를 더한 실제 연 수입은 약 686만 엔)인 샐러리맨이 1년 동안 내는 사회보장비의 총액은 약 173만 엔이고, 여기에 소득세·주민세를 더한 실질적인 세 부담은 약 200만 엔, 실질적인 세 부담률은 30퍼센트에 육박한다.

샐러리맨은 세금과 사회보험료를 꼼짝없이 급료에서 떼인다. 앞서 말한 것처럼 평균적인 대졸 샐러리맨이 평생 벌 수 있는 수입이 3~4억 엔, 실질 세 부담률이 30퍼센트라면 샐러리맨 한 명이 평생 국가에 납부하는 세금은 총 1억 엔 정도다. "주택은 인생 최대의 쇼핑"이라고 하는데 이를 훨씬 웃도는 거액을 국가에 바치고 있는 것이다.

그런데 '개인'과 '법인'으로 인격을 나누면 이 세 부담을 합법적으로 크게 줄일 수 있다. 이것이 성공한 자영업자나 중소기업 사장이 아주 빠른 속도로 부를 축적하는 비밀이었던 것이다.

## 돈이 많아져도 행복하지 않다?

돈과 행복의 관계를 이야기할 때 또 한 가지 빼놓을 수 없는 것이 바로 '한계효용 체감(遞減)'이다. 이는 경제학의 기본으로, 조금도 어렵지 않다.

술을 즐기는 사람이라면 무더운 여름철에 마시는 시원한 생맥주의 첫 모금만큼 상쾌한 것도 없다는 것을 잘 알리라. 그런데 마시는 양이 두 잔, 세 잔으로 늘어날수록 이 상쾌함은 타성이 된다.

이 맥주의 맛이 '효용'이다. 맥주를 한 단위 추가(첫 모금에서 두 번째 모금, 첫 잔에서 두 번째 잔)할 때의 맛(효용)의 변화가 '한계효용'이다. 맥주를 마실수록 (투입하는 단위가 늘어날수록) 맛(효용)이 차츰 줄어들면서 한계효용도 체감한다.

한계효용 체감은 즐거움에도 슬픔에도 시간이 지나면 익숙해져 버리는 인간 심리에 바탕을 둔 보편적인 법칙으로, 맥주뿐 아니라 거의 모든 것에 적용할 수 있다. 물론 돈도 예외가 아니다.

월급이 10만 엔인 사람이 "다음 달부터 1만 엔 인상해 11만 엔을 주겠다."는 말을 들으면 몹시 기쁠 것이다. 그런데 월급이 100만 엔인 사람은 (한 단위 늘어나) 101만 엔을 받는다 해도 이 사실조차 알아채지 못할 수도 있다.

그렇다면 돈의 한계효용은 어떻게 체감될까? 이는 물론 사람마다 다른데, 미국에서는 연 수입 7만 5000달러, 일본에서는 연 수입 800만 엔이 넘으면 행복도가 거의 올라가지 않는다. 흥미롭게

도표 12 **연 수입과 효용의 관계**

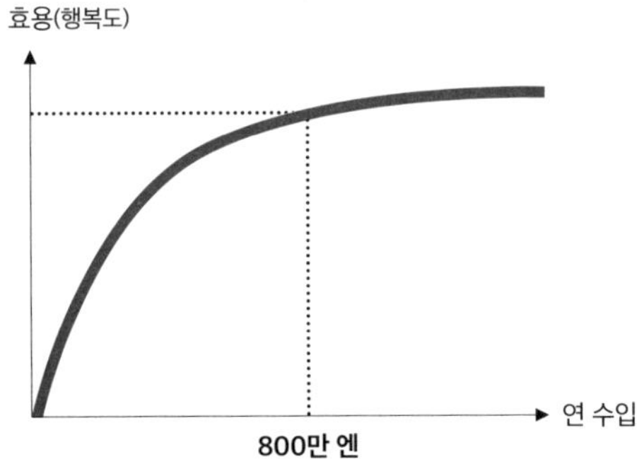


도 미국과 일본에서 행복도가 일정해지는 금액이 거의 비슷하다(도표 12).

이를 두고 행복과 돈은 무관하다고 오해하지는 말길 바란다. 오히려 돈은 행복해지는 가장 확실한 방법임을 보여준다.

800만 엔이란 1인당 연 수입으로, 가족의 경우에는 가구(아내가 전업주부라면 남편)의 연 수입이 1500만 엔이 넘으면 돈의 한계효용이 제로에 가까워진다.

최근 들어 행복도에 대해 다양한 통계조사가 이루어지고 있다. 그 결과를 보면 돈이 행복도를 낮춘다는 사실을 확실히 알 수 있다. 그러나 이는 '돈이 있으면 행복할 수 없다'는 의미가 아니라 '지나치게 돈만 생각하면 불행해진다'는 의미다.

누가 늘 돈만 생각할까? 주식이나 FX 트레이더, 월가의 금융맨, 벤처기업 경영자 등을 떠올릴지도 모르겠다. 하지만 가장 절실히 돈을 생각하는 것은 가난한 사람들이다. 그들은 이번 달 방세, 자녀의 학비와 급식비, 전기·가스·수도 요금, 혹은 당장 오늘 저녁을 어떻게 마련할지 잠시도 생각을 멈출 수 없다. 이런 상황이 행복도를 끌어내리는 것이다.

이렇게 생각하면 왜 한 가구의 연 수입이 1500만 엔(1인당 연 수입 800만 엔)이 되면 한계효용이 제로에 가까워지는지 알 수 있다.

자녀를 충분히 교육시키고, 1년에 한 번은 가족 여행을 떠나고 한 달에 한 번은 부부끼리 외식하는 것이 세상이 생각하는 일반적인 행복의 기준이라고 하자. 그렇다면 연 수입이 1500만 엔 정도 되면 그 행복을 이루는 데 필요한 돈에 대해 고민할 일이 거의 없다.

그 기준을 넘어버리면 자녀의 학원비를 늘리거나 가족 여행을 1년에 두 번 하거나 미슐랭 스타를 받은 레스토랑에서 외식해도 행복감(생활 만족도)은 더 커지지 않는다. 돈의 한계효용이 줄어든다는 것은 일단 돈에서 자유로워지면 수입이 늘어나도 행복도가 변하지 않는다는 의미다.

수입뿐 아니라 자산에도 한계효용 체감의 법칙이 적용된다. 저금을 10만 엔에서 20만 엔으로 늘리면 성취감이 크겠지만, 1000만 엔에서 1010만 엔으로 늘리는 경우는 무감각하다.

돈과 행복도에 대한 설문 조사에 따르면, 금융자산이 1억 엔을 넘으면 행복도가 커지지 않는다(오타케 후미오(大竹文雄), 시라이시 사유리(白石小百合), 쓰쓰이 요시로(筒井義郎) 편저,《일본의 행복도(日本の幸福度)》 발췌). 이 금액도 '돈만 생각하면 불행해진다'는 법칙으로 설명할 수 있다.

'노후 파산'이란 말이 유행어가 됐듯 저출산, 고령화가 빠르게 진행되고 있는 일본에서는 많은 사람이 정년 이후의 생활을 몹시 불안해한다. 이것이 일본인의 행복도를 끌어내리는 요인이 됐다. 이런 불안은 일정 수준 이상의 자산을 보유함으로써 해소할 수 있다. 많은 사람이 1억 엔 이상 자산이 있으면 '(국가 재정이 파탄 나 연금액이 줄어든다 해도) 내 노후는 안심'이라고 여긴다.

여기서 돈과 행복에 관한 간단한 법칙을 끌어낼 수 있다.

**① 연 수입 800만 엔(가구당 1500만 엔)까지는 수입이 늘어날수록 행복도도 커진다.**

**② 금융자산 1억 엔까지는 자산이 늘어날수록 행복도도 커진다.**

**③ 수입과 자산이 일정 수준을 넘으면 행복도는 변하지 않는다.**

물론 세상에는 도박사나 투자은행가처럼 벌어들인 금액이 성공(자아실현)의 기준이 되는 직업도 있다. 하지만 일반적으로는 단순히 전산 자료에 지나지 않는 것에 그토록 집착할 필요가 없다.

세계 최대 부호인 빌 게이츠(Bill Gates)는 일찌감치 "부자로서 얻을 수 있는 것은 그리 많지 않다. 큰돈을 남겨줘도 내 아이들에게 도움이 되지 않는다."며 사회복지 재단을 세웠다.

빌 게이츠 다음가는 대부호이자 세상에서 가장 성공한 투자가인 워런 버핏(Warren Buffett)은 세상을 떠날 때 재산 대부분을 게이츠 재단에 기부하기로 했다. 페이스북(Facebook) CEO 마크 저커버그(Mark Zuckerberg)도 시가총액 450억 달러에 이르는 보유 주식의 99퍼센트를 자선사업에 기부한다고 발표했다.

이들은 매우 현명한 사람들로, 한계효용이 제로까지 떨어진 전산 자료의 수치를 불리기보다는, 이를 사회에 환원해 평판(명성)으로 바꾸는 것이 훨씬 행복해지는 길임을 안다.

단, 이것이 곧 '돈은 행복을 가져오지 않는다'란 의미는 아니다. 앞으로 설명하겠지만, 다양한 진화론적·심리학적 이유에서 행복해지기란 매우 어렵다. 그런 가운데 가장 확실하게 행복도를 높이는 방법은 역시 부자가 돼 '경제적 독립'을 이루는 것이다.

# 002 마이너스 금리 시대의 자산 관리

모든 부는 차이에서 온다.

이것이 바로 자산 운용의 가장 중요한 원리다.

주식거래에서 이익을 얻기 위해서는 주식을 싸게 사서 비싸게 파는 (신용거래라면 비싸게 판 주식을 싸게 되사는) 수밖에 없다. 그러나 비싸게 산 주식을 싸게 팔 수밖에 없는 경우도 있다. 그것은 주식시장에 있는 사람들이 필사적으로 이익을 얻고자 하지만 주식거래는 (단기적으로는) 제로섬게임이라서 손해를 보는 사람이 없으면 이익도 없기 때문이다.

당연하다고 생각할지 모르지만, 사실 이는 참 이상한 이야기다. 이 단순한 거래를 수십만, 수백만 명의 투자가가 동시에 함으로써 주식시장이 엄청나게 복잡해지기 때문이다.

## 시장은 복잡계

단순한 규칙에서 복잡한 네트워크를 자기 조직화(self-organization, 외부의 압력과 상관없이 스스로 혁신적으로 조직을 운영하는 것-옮긴이)해가는 것이 '복잡계(complex system)'다. 20세기를 대표하는 지성인 브누아 망델브로(Benoit Mandelbrot)는 복잡계야말로 세계의 기본 원리라고 봤다.

주식시장뿐 아니라 싸게 사서 (혹은 적은 돈으로 만들어서) 비싸게 판다는 단순한 규칙으로 형성된 시장(마켓) 그 자체가 복잡계다. 거점 공항으로 세계를 잇는 항공 노선도, 구글(Google)이나 야후(Yahoo)처럼 허브를 통해 링크된 인터넷도, 그리고 인간관계도 역시 복잡계다. 뇌 신경망도, 우주의 별 분포도 복잡계이니 우리를 에워싼 세계도, 우리 자신도 복잡계의 스몰월드라고 할 수 있다.

복잡계의 특징은, 규칙은 매우 단순하지만 여러 플레이어(요소)들이 서로 영향을 주고받기 때문에 어떤 초고속 컴퓨터를 동원해도 그 결과를 원리적으로 예측할 수 없다는 것이다. 이것이 주식 투자에서 백전백승할 수 없는 이유이며, (극소수를 제외하고) 모든 전문가가 2007년 세계 금융 위기와 그다음 해에 일어난 리먼(Lehman) 쇼크를 예측하지 못한 이유다.

금융거래는 모든 거래를 숫자로 바꿔 전산 자료로 담아둘 수 있기 때문에 컴퓨터가 등장하자 상세한 해석의 대상이 됐다. 그래서 1980년대까지 금융 이론은 더 이상 발전할 수 없으리라 여겼다.

블랙 숄즈 모형(Black-Scholes model)에 의해 옵션의 이론 가격을 계산할 수 있게 된 것이 1983년의 일이다. 그 뒤로 40년이 넘도록 여전히 이 모형이 사용되고 있다는 사실이 금융 비즈니스에서 이노베이션이 고갈돼 있음을 잘 보여준다.

파생 상품부터 증권화까지 '로켓 사이언티스트(rocket scientist)'라 불리는 물리학 박사가 월가로 무대를 옮겨 차례차례 신상품을 개발했다. 하지만 그 이론적 근거는 중학생도 아는 확률의 정규분포(종형 곡선)다. 복잡계의 멱함수 분포(롱테일)는 이론상 계산할 수 없기에 더 이상 발전할 여지가 없다.

경제적 독립이라는 '자유의 사상'을 알고 나서 나는 금융시장에 흥미를 가지고 해외투자를 중심으로 여러 금융거래를 체험했고(나중에는 시카고 선물거래소에서 파생 상품까지 거래해봤다) 책도 몇 권 썼다. 지금 돌이켜보면 내가 처음 금융자산에 관심을 가진 것은, 그것이 경제적 독립에 이르는 지름길인 동시에 인생의 토대인 세 가지 자본(자산) 중 가장 단순했기 때문이다. 컴퓨터상의 숫자를 늘리기만 하면 되는 것이었으니 말이다.

물론 누구나 투자로 돈을 벌 수 있다는 말은 아니다. 세계 최고의 투자가인 워런 버핏조차 "내가 성공한 가장 큰 이유는 미국 주식시장의 장기 성장에 있다."고 말했듯 예측할 수 없는 복잡계의 시장에서 이익을 얻기 위해서는 운도 따라줘야 한다.

내가 해외투자를 시작한 것은 1990년대 후반이었다. 처음 사들인 것은 나스닥의 IT 종목(마이크로소프트, 인텔)으로 그 직후 닷컴

버블이 찾아왔다. 지금은 선진국뿐 아니라 전 세계 경제가 장기 침체 상황이기에, 2000년대 초 중국 경제의 폭발적 성장(그리고 신흥국 주식시장의 폭등)과 함께 현대사를 관통하는 두 번의 큰 버블과 조우할 수 있었던 것은 실로 큰 행운이었다.

그러나 금융자산이 당초 목표액에 이르자 한계효용 체감의 법칙에 따라 투자에 대한 관심이 차츰 식었다. 금융시장의 특징은 이론이 완성돼 있는 만큼 더 이상의 혁신이 없다는 점이다. 온갖 수단을 동원해 새 금융 상품을 등장시키지만 결국 같은 것의 반복일 뿐이다. 그래서 "자산 운용에 대해서는 쓸 만큼 썼다."고 생각하게 된 것이다. 앞으로 인공지능이나 비트코인(블록체인)에 의해 금융 비즈니스 자체가 IT 산업(핀테크)에 흡수돼가는, 엄청나게 큰 변화가 찾아오긴 할 테지만 말이다.

## 자본주의란 뭘까

세상에서는 여전히 자본주의가 선인가, 악인가 하는 무의미한 논쟁이 이어지고 있다. 이상하게 경제학자 중에서도 자본주의를 제대로 정의하는 사람이 거의 없다. 위키피디아에는 "자본의 운동이 사회의 모든 기본 원리가 돼, 이윤이나 잉여가치를 낳는 체제"라고 설명돼 있다. 이것으로는 무슨 의미인지 알 수 없다.

내가 이해하기로 자본주의(자본시장)란 '주식회사에 의해 자기 조직화한 복잡계의 네트워크'다.

주식회사란 '복수의 주주가 유한책임으로 사업에 투자함으로써 위험을 분산하는 시스템'이다. 대항해시대에는 상인들이 이를 통해 상선이 폭풍우로 침몰하거나 해적에게 습격당해 전 재산을 잃는 위험을 피할 수 있었다.

이는 잘 알려진 이야기다. 그런데 주식회사에는 또 다른 특징이 있다. 바로 빚(은행 대출이나 채권 발행으로 조달한 자금)으로 주식자본을 불릴 수 있다는 것이다. 이 구조는 대차대조표로 보면 주식 신용거래와 같다(도표 13).

주식거래를 해본 사람은 잘 알겠지만, 신용거래에서는 레버리지만큼 수익도 손실도 커진다. 자기 자금만큼 대출받은 경우(레버리지 비율 두 배)에 주가가 두 배가 되면 이익은 네 배가 되지만, 주식이 2분의 1로 떨어지면 손실은 그 배가 돼 투자금 전액을 잃는다.

도표 13 **회사와 신용거래의 대차대조표**

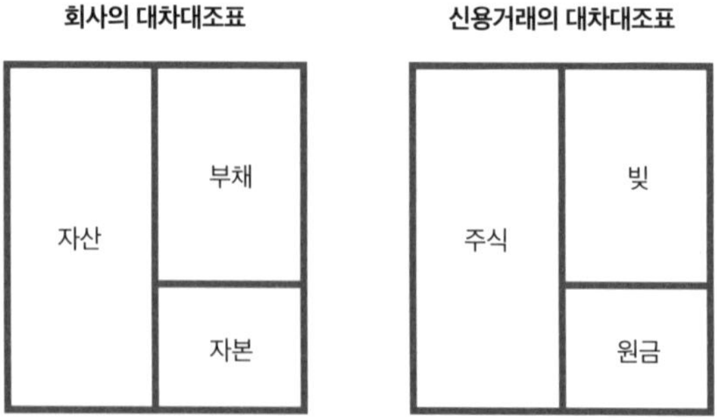

경제성장이란 시장 거래 규모가 커지는 것을 뜻한다. 잘 생각해 보면 그 원동력이 "좀 더 여유로워졌으면 좋겠다." "가족이 행복해지면 좋겠어."라는 (시장에 참여한) 사람들의 욕망임을 알 수 있다. 이 욕망은 (지금으로서는) 끝이 없기 때문에, 인구가 늘거나 가난한 나라의 사람들이 시장에 참여함으로써 자기 증식한다.

최근 경제사학이 거둔 성과라면, 18세기 후반 산업혁명 때문에 인류사에 한 획을 그은 시장의 폭발적 성장이 시작됐다는 사실을 밝혔다는 점이다. 그로부터 200년 넘게 세계대전과 대공황이라는 거센 풍파를 겪었지만, 시장경제는 꾸준히 확대돼왔다.

이 시장경제는 '주식회사에 의해 자기 조직화한 복잡계'로, 주식회사는 주식자본(은행 대출 등)으로 레버리지를 높인다. 주가는 주주 자본이익률로 정해지기 때문에, 시장경제가 확대되면 투자 레버리지를 높인 만큼 경제성장률보다 빨리 주가가 상승한다.

즉 평균적인 주식회사 레버리지 비율이 두 배고, 경제성장률이 연 3퍼센트라면 평균 주가는 (신용거래와 같은 이치로) 연 6퍼센트 오른다(세금은 고려하지 않았다). 물론 호황과 불황의 물결에 따라 투자가에게 좋을 때도 있고 나쁠 때도 있을 것이다. 그러나 자본주의가 인간 욕망에 의해 자기 증식해가는 시스템이라면 장기적으로는 주식시장에 투자함으로써 (경제성장률과 거의 같은) 은행예금이나 채권 투자보다 큰 이익을 얻을 수 있다. 이것이 "좋은 주식을 오래 보유하라."는 투자법으로, 이것에는 충분한 이유가 있었던 것이다.

그런데 최근 이 이익의 자기 증식 시스템이 제대로 기능하지 않게 돼버렸다. 바로 '마이너스 금리' 때문이다.

## 말라가는 금융자산

물론 '마이너스 금리는 자본주의의 끝'이라고 주장하려는 것은 아니다. 인류가 주식회사를 대신할 경제 시스템을 찾지 못하고 사람들의 욕망이 바닥을 치지 않는 이상 시장경제는 앞으로도 커져 장기적으로는 주가도 오를 것이다. 그러나 문제는 '장기적'이 어느 정도 기간인가 하는 것이다. 케인스(John Maynard Keynes)가 말했듯 "장기적으로는 우리 모두 죽기" 때문이다.

트럼프 정권의 경제 운영(규제 완화)에 대한 기대감이 커지면서 대통령 취임 직후에 다우지수(뉴욕 주식시장)는 사상 최고치를 경신했다. 일본 주가가 거품경제기 최고치(1989년 12월 29일 3만 8957엔)에서 30년 가까이 지났는데도 여전히 그 절반 수준에 머물러 있는 것을 보면 미국 경제의 저력은 분명해 보인다. 하지만 동시에 다음 사실도 짚어볼 필요가 있다.

뉴욕 주가(최고가)는 1980년 964달러에서 20년 뒤인 1999년에는 1만 달러로 열 배가 됐다. 이런 속도로 주가가 상승한다면 2020년에는 10만 달러가 돼야 한다. 하지만 실제로는 16년에 걸쳐 겨우 2만 달러가 됐을 뿐이다. 일진일퇴를 반복하기만 하는 일본 주식보다야 훨씬 낫지만, 21세기 들어 미국 주가 상승률도 크게 떨어진 것은 분명하다.

이것이 '장기 불황'이라는 현상이다. 장기 불황은 세계적으로 금리가 대폭 떨어진 것으로도 알 수 있다. 저금리란 채권 가격이 오르는 것인데(자세한 내용은 금융 입문서를 참고하길 바란다), 투자가가 왜 채권을 사는가 하면 달리 투자할 대상이 없기 때문이다.

채권시장과 주식시장(혹은 부동산 시장, 자원 시장)은 트레이드오프(어느 것을 얻으려면 반드시 다른 것을 희생해야 하는 경제 관계-옮긴이) 관계다. 주식이나 부동산, 자원 가격이 오를 것 같으면 투자가는 채권을 팔아 자금을 마련해 적극적으로 투자에 나선다. 그러면 채권 가격은 떨어지고 금리는 오른다. 반대로 말하면, 제로 금리나 마이너스 금리란 투자가가 주식이나 부동산에는 돈을 투자할 가치가 없다고 생각한다는 증거다. 보다 정확하게 말하면 돈을 벌 수도 있지만 큰 손해를 볼 위험도 있기에, 제로 금리(조금씩 확실하게 손해를 본다)나 마이너스 금리의 채권에 돈을 맡겨두는 편이 그나마 낫다고 판단하는 것이다.

여기서 '투자가'란 개인투자가뿐 아니라 연금 기금이나 생명보험사 등 기관투자가, 투자신탁이나 헤지펀드 등 전문 투자가를 포함한다. 그리고 이것이 인생을 지지하는 토대 가운데 금융자산의 비중이 전보다 가벼워진 이유이기도 하다.

헤지펀드 매니저란 머리가 아주 좋고, 최고의 거래 환경과 과학기술이 주어지는 데다가 내부자 정보에도 접근할 수 있다. 그들은 금융시장에서 부를 획득하는 것에 인생을 걸었다. 그런 그들조차 제로 금리 채권을 살 뿐 투자 대상을 찾지 못하고 있다면, 그들보다 불리한 개인투자가가 할 수 있는 일은 거의 없다.

경제가 성장하고 있다면 개인투자가는 주식시장에 장기적으로 투자해 (시간을 아군 삼아) 기관투자가를 웃도는 이익을 얻을 수도 있다. 그러나 경제성장률도 인플레이션율도 금리도 제로인 꽁꽁 얼어붙은 경제 환경에서는 장기 투자도 효과가 거의 없다. 은행 보통예금을 무료 대여금고쯤으로 쓰는 것이 가장 현명한 '투자법'이다.

제로 금리나 마이너스 금리란 금융자산에서 발생하는 부가 점점 말라간다는 뜻이기도 하다. 과거처럼 예금 금리가 연 5퍼센트라면 예금 1억 엔에서 얻는 금리 수익만도 연 500만 엔이기 때문에 노후 생활이 편안하다. 하지만 지금 그런 솔깃한 이야기는 어디에도 없다.

금융자산 가치가 줄어들면 상대적으로 다른 자본(자산)이 중요해진다. 금리 수입을 기대할 수 없기에 금융시장에서 부를 얻기보다는 인적 자본을 노동시장에 투자하는 것이 훨씬 효과적이다.

즉, 핵심은 이렇다.

**현명한 사람이라면 마이너스 금리의 세계에서는 이윤을 최대화하기 위해 금융자본보다 인적 자본을 효과적으로 활용한다. 즉, 일을 한다.**

## 국가가 파산하면 어쩌지?

여기까지 읽고는 “1000조 엔이 넘는 천문학적 부채를 떠안고 있는 일본은 파탄 직전이고, 높은 인플레이션으로 엔의 가치는 종잇조각이 돼버리는 게 아닐까?” 하고 걱정하는 사람이 있을지도 모르겠다. 최근에는 “일본은행이 금융완화를 하고도 인플레이션을 일으키지 못했으니 이제 일본 정부는 ‘인플레이션이 될 때까지 불어나고 있는 재정 적자를 내버려두겠다’고 선언할 수밖에 없다.”라고 말한 미국 경제학자 크리스토퍼 심스(Christopher Sims)의 ‘물가 수준에 대한 재정 이론(FTPL, Fiscal Theory of the Price Level)’이 주목받고 있다. 만일 이런 정책이 실시되면 재정 적자는 끝없이 부풀어 올라 국가파산이 현실성을 띠게 될 것이다.

이 문제에 대해서는 2013년에 《일본 국가파산에 대비한 자산 방어 매뉴얼(日本の国家破産に備える資産防衛マニュアル)》에서 자세히 설명했다. 내 견해는 그때와 전혀 달라지지 않았다.

그 책에서는 일본의 미래를 ① 낙관 시나리오(아베노믹스로 일본 경제가 크게 되살아난다), ② 비관 시나리오(현재처럼 디플레이션 불황이 계속된다), ③ 파멸 시나리오(재정 파탄으로 큰 경제 혼란에 빠진다) 이렇게 세 가지 시나리오로 검토했다. 일본은행이 4년 동안이나 금융완화 정책을 유지하고도 물가를 끌어올리지 못했고, 아베노믹스에 호경기를 불러일으킬 힘이 없다는 것도 분명해졌다. 이제 남은 것은 비관 시나리오와 파멸 시나리오뿐으로, 이야기가 더 간단해졌다고도 할 수 있겠다.

결론적으로 저금리(마이너스 금리) 상황에서는 자금 운용으로 큰 이익을 내기 어렵다. 때문에 금융자산은 보통예금과 달러나 유로 등 외환 예금으로 분산해두는 것이 좋다. 왜냐하면 통화가치는 상대적이어서 엔이 하락하면 달러(유로)가 상승하고, 달러(유로)가 하락하면 엔이 상승한다. 모든 통화가 일제히 하락하는 일은 없다. 그러니 자산을 적절히 여러 나라 통화로 분산해두면 엔이 종잇조각이 되든, 달러 경제가 붕괴하든 전체 자산 가치는 영향을 받지 않는다.

장기적으로는 시장경제가 확대될 것이라고 전제한다면, 금융자산을 주식시장에 투자하는 것이 유리할 수도 있다. 그렇게 생각하는 사람은 투자 대상을 선별하는 비용 효과까지 포함해, 도쿄 증권거래소의 '상장 인덱스 세계 주식(1554)'에 적립 투자하기를 권한다. 엔화 기준 ETF(Exchange Traded Funds, 상장 지수 펀드)인데, 투자 대상이 (일본 주식을 제외한) 세계 주식이라 특정 국가나 기업에 위험이 집중되는 것을 피할 수 있고, 엔이 하락하면 그만큼 주가가 오른다. 증권회사나 은행에서 파는 펀드와 달리 판매 수수료도 없고(주식 매매 수수료만 있다) 인덱스 펀드로 운용 수수료도 저렴한 데다 해외 주식에 투자하면 엔을 외화로 환전하는 비용도 대폭 할인된다. "계란을 한 바구니에 담지 말라."는 격언을 실행하기에 이보다 나은 분산투자 금융 상품도 없다.

그럼에도 불구하고 '국가파산'이라는 비상 사태가 일어나면 소중한 자산을 잃게 될 것이라고 불안해하는 사람이 있을지도 모르겠다. 그 확률은 매우 낮지만 절대 없다고도 할 수 없다.

이 경우에는 미리 해외 금융기관에 계좌를 개설해 언제든 클릭 한 번으로 금융자산을 옮길 수 있도록 준비해두면 '금융 봉쇄'도 걱정할 것이 없다(지금이라면 비트코인을 이용해도 괜찮겠다). 또한 재정이 파탄 날 경우에는 엔 시세가 크게 요동치거나 금리가 급상승해 주가가 폭락하는 등 금융시장이 큰 혼란을 겪을 것이다. 이때 옵션이나 선물 등 파생 상품의 원리를 알면 위험을 최소한으로 하면서 일확천금을 노리는 투자 전략도 세울 수 있다.

Part 3

# 자아실현,
# 일하는 것이
# 최고의 투자

## 001 인적 자본은 '부의 원천'

초등학생도 아는 사실이지만, 부자가 되는 방법은 세 가지밖에 없다.

① 수입을 늘린다.

② 지출을 줄인다.

③ 자산을 잘 운용한다.

이를 '부자 방정식'으로 정리하면 다음과 같다.

**부 = 수입 - 지출 + (자산 × 운용 이율)**

이중 '자산×운용 이율'이 금융자산에 해당한다. 앞서 설명했듯 제로 금리 세계에서는 돈이 제대로 일해주지 않기 때문에 경제적 독립을 달성했다 해도 그 상태를 유지하는 (은행이라는 무료 대여금

고에 돈을 맡겨두는) 정도의 역할밖에 하지 못한다. 그렇게 되면 남은 두 요소, 즉 '수입을 늘린다'와 '지출을 줄인다'가 중요해진다.

## 다이어트로 자아실현을 할 수 있는 이유

지출을 줄인다는 것은 절약한다는 의미다. 실제 선진국처럼 풍요로운 나라에서는 근면과 절약만으로도 누구나 (최종적으로) 백만장자가 될 수 있다는 것이 《백만장자 불변의 법칙》의 설명이므로 그 효과를 무시할 수 없다.

금융자본을 운용해 이익을 얻기 위해서는 어느 정도 종잣돈(저축)이 필요한 데다, 수입을 늘리라는 말을 들어도 어떻게 해야 할지 몰라 당혹스러워하는 사람이 대부분일 것이다. 그 방법을 알았다면 이미 옛날부터 해왔을 테니 말이다. 그런데 지출을 줄인다는 목표는 누구나 지금 당장이라도 시작할 수 있고 노력하면 반드시 효과를 볼 수 있다.

이와 똑같은 효과를 내는 것이 바로 다이어트다.

사람들이 다이어트에 열중하는 것은 "날씬한 사람이 아름답다."거나 "비만은 의지박약의 증거"라는 현대사회의 잘못된 고정관념 때문이다. 그런 다이어트가 사이비 종교처럼 기괴한 마력을 띠게 된 것은 체중을 줄인다는 (얼핏) 사소해 보이는 일이 '자아실현'과 직결되기 때문이다.

경험해본 사람이라면 알겠지만, 다이어트의 본질은 두 요소의 대립에 있다.

① **노력하면 반드시 성과가 있다**(먹지 않으면 반드시 살이 빠진다).

② **때때로 유혹에 꺾인다**(식욕은 인간의 근원적인 욕망이다).

그리고 우리는 무의식중에 이를 '선과 악(신과 악마)'의 대립으로 받아들인다. 다이어트를 하던 중 케이크를 마구 먹으면 심한 죄의식을 느끼고, 유혹을 물리치고 체중을 500그램 줄이면 강렬한 성취감과 행복감을 느끼는 것은 이런 까닭이다.

여기서 다음의 아이러니한 역설을 끌어낼 수 있다. 다이어트로 행복감을 얻는다면, 다이어트에 성공하는 순간 더 이상 그 멋진 체험을 할 수 없다. 따라서 행복을 느끼는 가장 효과적인 방법은 다이어트에 계속 실패하는 것이다. 그러면 몇 번이고 선이 악을 이길 수 있다.

이 메커니즘은 최근 유행하고 있는 '정리'에도 적용된다.

열심히 정리하면 방은 반드시 깔끔해진다. 그러나 기껏 완벽하게 치운 방도 며칠 있으면 너저분해지고, 죄의식이 무겁게 가슴을 짓누른다. 하지만 괜찮다. 다시 한 번 정리에 도전해 기분 좋아지면 되기 때문이다.

절약도 다이어트처럼 그 성과를 숫자로 정확히 나타낼 수 있다. 노력한 만큼 분명 돈이 모인다. 작은 욕망에 무릎을 꿇고 돈을 써

버리면 그간의 노력이 물거품으로 돌아가지만, 처음부터 다시 절약해 자아실현을 할 수 있다.

## 합리적으로 절약한다

손쉬운 자아실현으로 빠르게 행복해질 수 있다니 얼마나 멋진가. 그런데 문제는 아무리 다이어트를 해도 체중이 줄어들지 않고, 아무리 절약해도 돈이 모이지 않는다는 데 있다. 대체 어디서 잘못된 것일까? 그것은 절약(다이어트나 정리)에 지나치게 큰 의미를 부여하기 때문이다.

부자 중에 구두쇠가 많은 것은 사실이지만, 그것은 검소하게 생활하지 않으면 돈이 모이지 않기 때문으로, 일종의 토톨로지(tautology, 동어 반복 명제)다. 그런데 부자들은 절약으로 자아실현을 할 생각이 없다. 검소한 생활의 규칙은 단 하나다.

**같은 결과를 얻는다면 값이 쌀수록 좋다.**

다이에(Daiei, 한때 일본 전국에 슈퍼마켓 체인을 뒀던 대기업-옮긴이)의 창업자 나카우치 이사오(中内功)는 만년에 사재를 털어 유통과학대학을 설립했다. 그곳 교단에 서려고 도쿄에 있는 집에서 고베까지 신칸센을 타고 다녔는데, 그때 꼭 일반석에 탔다. 누가 "왜

특석에 타지 않습니까?" 하고 묻자 나카우치는 "특석에 앉아 있으면 더 일찍 도착한대요?"라고 답했다.

세계 제일의 부호 빌 게이츠도 비행기에 탈 때 이코노미석에 앉는다고 한다. 그 역시 "퍼스트클래스를 타도 비행시간은 같잖아요."라고 답했다.

그 밖에도 비슷한 사례가 얼마든지 있다. 이는 '구두쇠'와 다르다(그들이 다 쓰러져가는 집에 사는 것도 아니다).

내가 아는 어느 자산가는 신용카드로 마일리지를 열심히 적립한다. 구두쇠여서가 아니라 다른 승객이 무료(마일리지)로 비즈니스 클래스를 타는데 자신이 수십만 엔이나 내고 같은 좌석에 앉는 것을 용납할 수 없기 때문이다.

그러나 부자는 가장 싼 양상추를 사려면 어디로 가야 하는지 전단지를 비교하는 일 따위에는 전혀 관심이 없다. 그들에게는 돈보다 귀한 것이 시간이라, 고급 식료품점에서 값도 보지 않고 양상추를 산다.

이처럼 부자는 엔을 달러로 환전할 때도 은행 환전 수수료를 내지 않고, 주식을 거래할 때도 매매 수수료가 싼 인터넷 증권 회사를 통하고, 판매 수수료가 5퍼센트인 투자신탁이 아니라 비용이 싼 ETF로 자산을 운용한다. 수수료가 비싼 생명보험에는 애당초 가입하지 않는다. 그들은 공통적으로 코스트 퍼포먼스에 민감하고, 불합리한 것(바가지를 쓴다든가)을 혐오한다. 제멋대로 바가지를 씌우게 내버려둬서는 돈이 모이지 않으니, 이 역시 토톨로지다.

경제적 합리주의에 따라 행동하면 굳이 노력하지 않아도 저절로 절약하게 된다. 그러나 그것만으로는 돈을 충분히 모을 수 없다. 당연한 말이지만, '부자 방정식'에서 가장 중요한 것은 수입이다.

그러니 수입을 낳는 원천인 인적 자본에 대해 생각해보자.

## 노벨상 수상자의 인적 자본 이론

노벨 경제학상을 받은 미국 경제학자 게리 베커(Gary Becker)는 "사람은 각자 인적 자본(human capital)을 갖고 있으며, 그것을 노동시장에 투자해 나날의 양식이 되는 수익(급료)을 얻는다."고 했다. 금융자본을 금융시장에 투자해 수익을 얻는 경제행위와 마찬가지로, '일하는 것'을 인적 자본의 투자와 회수라는 경제학의 틀로 설명한 것이다. 이것이 바로 노동의 의미를 새로 조명한 베커의 혁신이다.

투자 성과는 기대 수익과 위험으로 정해진다. 투자가라면 누구나 잘 알고 있듯이 기대 수익이 클수록 좋은 것은 아니다.

기대 수익이 100퍼센트인 벤처 투자와 금리가 제로인 은행예금이 있다고 해보자. 시장이 효율적이라면 이 두 투자 기획에 우열은 없고, 위험 조정 후의 수익은 양쪽이 같다. 100명이 벤처기업에 투자하면 50명은 원금이 두 배가 되고, 나머지 50명은 원금을 모두 잃어 평균 수익이 제로가 되기 때문이다.

마찬가지로 인적 자본 투자도 노동시장이 효율적이라면 위험 조정 후의 수익이 같게끔 차익거래가 이루어진다. 이론적으로는 안정적인 수익을 얻을 수 있는 종신 고용직은 (저위험 저수익인) 채권 투자처럼 수익성이 낮고, 언제 해고될지 모르는 성과 보수직은 (고위험 고수익인) 주식 투자처럼 보수가 높아야 한다. 나중에 설명하겠지만, 구미(歐美)의 고용 제도는 인적 자본 이론에 들어맞지만, 일본의 노동시장은 그렇지 않다. 일본에서는 정사원이 일종의 '신분'으로, 대졸자가 일류 기업에 취직하면 평생 높은 임금이 보장되는 '저위험 중(고)수익'이란 엄청난 특권을 얻는다는 믿음(사실은 신화에 불과하다)이 있기 때문이다.

## 20대의 인적 자본, 5500만 엔

일반적으로 샐러리맨의 인적 자본은 어느 정도일까?

자세한 계산식을 생략하고 결론만 말하면, 평생 연 수입 3억 엔 (입사 당시 250만 엔, 65세 정년퇴직 시 1300만 엔, 퇴직금 3000만 엔)의 표준 모델에서 위험 할증(회사가 도산하거나 병에 걸려 돈을 벌지 못할 위험)에 따른 할인율을 8퍼센트라고 했을 때, 갓 사회인이 된 젊은이의 인적 자본은 약 5500만 엔이다.

젊은이 대부분에게는 이 정도 금융자산이 없을 테니 다음의 단순한 원칙을 끌어낼 수 있다.

**가장 중요한 부의 원천은 인적 자본이다.**

할인율이 낮아질수록 이론상 인적 자본의 가치는 커진다. 이것은 금리(할인율)가 낮아질수록 채권 가격이 오르는 것과 같다.

시중 금리가 낮아지면 그만큼 인적 자본 할인율도 낮아진다. 할인율이 4.5퍼센트라면 막 입사한 젊은이의 인적 자본은 1억 엔, 0퍼센트라면 수입 총액과 같은 3억 엔이다. 제로 금리 세상에서는 인적 자본의 가치가 높아진다는 것을 이 계산으로도 알 수 있다(도표 14).

금융자본과 비교했을 때 인적 자본의 또 한 가지 특징은 투자 득실이 없다는 것이다. 노예제도가 금지된 사회에서는 일만 하면 많

도표 14 **평생 연 수입이 3억 엔일 경우, 입사 직후의 인적 자본 가치**

| 할인율 | 인적 자본의 가치 |
|---|---|
| 8% | 5500만 엔 |
| 5% | 9200만 엔 |
| 4.5% | 1억 엔 |
| 3% | 1억 4000만 엔 |
| 1% | 2억 3000만 엔 |
| 0% | 3억 엔 |

든 적든 반드시 보수를 받는다. 일본에는 '서비스 잔업(시간 외 근무 수당을 받지 않는 초과근무 - 옮긴이)'이라는 현대판 노예제도가 남아 있지만, 여기서는 다루지 않겠다. 많은 부자가 착실하게 부를 쌓은 것을 봐도 인적 자본이야말로 성공의 열쇠임은 명백하다.

운 좋게 부유한 선진국에서 태어난 우리는 태어날 때부터 큰 인적 자본을 갖고 있다. 이를 어떻게 활용하는지, 혹은 활용하지 못하는지에 따라 '경제 격차'가 크게 벌어진다.

## 자아실현이라는 '성배'

경제학자인 게리 베커가 주창한 인적 자본 이론에 따르면 투자가가 금융자본을 금융시장에 투자해 이익을 얻듯이 노동자는 자신의 인적 자본을 노동시장에 투자해 수입을 얻는다. 베커는 그때까지 상관없어 보였던 금융거래와 노동이 사실은 같은 경제구조임을 꿰뚫어봤다.

금융거래 규칙은 매우 단순해 단 두 줄로 표현할 수 있다.

① 이익은 클수록 좋다.

② 이익이 같다면 위험이 적은 쪽이 좋다.

마찬가지로 인적 자본 투자에도 다음과 같은 규칙이 있다.

① 수입은 많을수록 좋다.

② 수입이 같다면 안정된 쪽이 좋다.

그런데 인적 자본에는 금융거래에는 없는 두드러진 특징이 있다. 바로 다음 규칙이다.

③ 수입이 같다면 (혹은 수입이 적어도) 자아실현을 할 수 있는 일이 좋다.

가령 인적 자본에 처음 두 가지 규칙밖에 없다면 (위험이 같다면) 이익률이 높은 비즈니스를 택하면 된다. 나는 바로 이런 이유로 성매매 업소를 시작한 사람을 만난 적이 있다. 그는 이렇게 말했다.

"성매매 사업에 발을 들여놓는 남자들은 하나같이 젊은 여자에게 정신을 팔 뿐이죠. 관리의 기본도, 대차대조표나 캐시플로(일정 기간 동안 기업에 유출·유입되는 자금액 – 옮긴이)도, 탈세와 합법적인 절세의 차이도 모릅니다. 그런 사람이 투지만으로 경영하는데도 이익률이 엄청나죠. 제대로 된 인간이 제대로 경영하면 더 큰 돈을 벌 수 있지 않을까요?"

그는 지극히 합리적인 사람이라, 인적 자본을 최대화할 방법을 찾다가 이런 결론에 이른 것이다. 그 뒤로 연락이 끊겨 그의 사업이 어떻게 됐는지는 알 수 없지만, 최근에는 성매매 사업도 경영 수준이 높아져 외부에서 새로 뛰어든 사람은 생각처럼 손쉽게 돈을 벌 수 없다는 소리도 들려온다.

금융시장의 기본 원리는 '재정'으로, (위험이 같고) 이익률이 높은 투자 기회에는 주문이 몰리고 가격이 올라 금세 우위성이 사라진다. 이런 원리가 노동시장에도 적용된다면 하버드 비즈니스 스쿨에서 MBA를 취득한 졸업생은 제일 먼저 성매매 사업을 시작할 것이다.

어째서 그들은 눈앞에 굴러다니는 '돈 벌 기회'를 무시하고 경쟁이 극심한 월가로 가려고 할까? 그 이유는 굳이 설명할 필요도 없을 것이다. 직업에 귀천은 없다지만, 성매매는 세상이 '더럽게' 여기는 일로 이 분야에서 성공한다 해도 자아실현을 할 수 없기 때문이다.

## 무엇과도 바꿀 수 없는 자신이 되는 것

'자아실현'은 미국 심리학자 에이브러햄 매슬로가 제창한 '인간에게 있어 가장 높은 차원의 욕구'로 ① 의식주 같은 근원적이고 생리적인 욕구, ② 안전에 대한 욕구, ③ 가족이나 주위 집단에 속해 있다고 느끼는 사회적 욕구, ④ 타인에게 존경받고자 하는 욕구 등 네 가지 차원의 욕구가 모두 채워져야 발현된다고 한다.

이 '욕구 5단계 이론'으로 알 수 있듯 자아실현은 공동체(사회 자본)와 밀접한 관계가 있다. 이는 사람이 사회적 생물이기 때문인데, 이 이야기는 4장에서 하기로 하겠다. 여기서는 자아실현을 '무엇과도 바꿀 수 없는 자신이 되는 것'이라고 정의하고 싶다.

'자아 찾기'라는 말이 있다. '어딘가에 아직 만나지 못한 진정한 자신이 있다'는 느낌은 이제 널리 공유되고 있다. "진정한 자신이라니, 환상에 불과하다."는 비판이 있기는 하지만, 그럼에도 자아실현의 매력은 여전하다.

돈이란 그 실체만 보면 종잇조각으로, 금융기관의 서버에 보관된 전산 자료에 지나지 않는다. 즉, 돈의 본질은 '환상'이다.

그러나 모두가 그 종잇조각이나 전산 자료에 가치가 있다고 생각하면 환상은 실체화된다. 돈은 분명 환상이지만 그것이 공동환상(사적 환상을 공동화한 환상 – 옮긴이)이 될 때까지 공유되면 현실로 바뀌어 우리를 매료시키고 구속한다.

자아실현처럼 널리 퍼진 가치관에도 같은 구조가 작용한다.

17세기나 18세기에 "진정한 자신이 어딘가에 있다." 같은 말을 했다면 머리가 좀 이상한 사람으로 여겨졌을 것이다. 그러나 지금은 자아실현이 직업에서 '성배'가 됐고, 일을 통해 자아실현을 하는 것이 인생의 목적이라고 여겨진다. 대학에서 이루어지는 직업 교육은 이런 특이한 가치관을 젊은이에게 각인시키는 역할을 한다.

가치관은 일단 공동환상이 되면 현실화되기 때문에, 사람들은 자아실현을 한 (또는 자아실현을 했다고 말하는) 사람을 존경하고 동경하고 부러워한다. 이처럼 '무엇과도 바꿀 수 없는 자신'이 실제 인생의 목표가 된다. 덧붙이자면 나는 '진짜 자신'이 있다고 생각한다. 이 이야기도 4장에서 하기로 하자.

이렇게 해서 우리는 무의식중에 '일하는 것'에 두 가지 목표를 설정하고 있다.

**① 인적 자본으로 더 많은 부를 얻는다.**

**② 인적 자본으로 자아실현을 한다.**

이 서로 다른 두 목표를 동시에 이루는 것이 '이상적인 일'이다. 그런데 어떤 일이 그럴까? 인생의 기반 중 여기서는 인적 자본을, 4장에서는 사회 자본을 전제로 해서, 이 물음에 대해 다각도로 생각해보고 싶다.

# 002 어떤 일을 할 것인가

다들 이미 깨달았겠지만, 대학을 졸업하고 입사한 회사에서 정년까지 일하는 일본식 '노동 모델'은 완전히 깨졌다. 새로운 노동 방식을 이해하는 키워드는 다음 세 가지다.

① 정보사회화

② 세계화

③ 자유화

인공지능이나 정보통신기술 등 과학기술이 빠르게 진보하면서 이들 세 요소가 서로에게 영향을 미쳐 현대사회를 크게 바꾸고 있다. 그 결과 일본인의 노동 방식에도 변화가 찾아왔다. 우선 차례로 살펴보자.

## 자유화하는 세계

정보사회를 상징하는 곳, 예컨대 실리콘밸리의 구글 같은 회사를 생각해보자.

인터넷 비즈니스는 승자 독식이라는 매우 살벌한 경쟁 환경에서 움직인다. 경쟁자가 먼저 결정적인 혁신을 이뤄내면 번성하고 있던 대기업도 순식간에 쇠퇴하고 만다. 그 가혹한 규칙을 당연하게 받아들인 채 수많은 벤처기업이 격렬히 싸우고 있다.

그런 환경에서 이기려면 타사보다 우수한 인재를 고용하는 것이 무엇보다 중요하다. 지식 비즈니스에서는 지능이 매우 높은 사람만이 혁신을 이룰 수 있기 때문이다. 여기서 '지능'은 학력과 무관하다. 빌 게이츠도 스티브 잡스도 대학을 졸업하지 않았다. 구글은 한때 '박사 학위 수집가'라는 야유를 받을 만큼 유명 대학 박사과정 졸업생을 우선적으로 채용했지만, 이들이 전혀 도움이 되지 않았기에 불과 몇 년 만에 이 방침을 철회했다.

인도에 매우 뛰어난 프로그래머가 있다고 해보자. 그런데 '미국 우선주의(America First)'인 회사는 외국인을 고용하지 않으므로 이 인재를 계약직이나 하청업자로 고용하는 수밖에 없다. 이에 비해 국적에 상관없이 실력만 있으면 본사 사장도 될 수 있는 회사에서 똑같은 급여를 제시했다면 매우 뛰어난 프로그래머가 어디를 택할지는 생각할 필요도 없을 것이다. 뛰어난 인재를 얻기 위해 경쟁하는 IT 기업은 국경(국적)의 벽으로 사원을 차별하면 곧 경쟁자에게 우수한 인재를 빼앗기고 뒤처진다. 이것이 정보사회화가 세계화와 맞물려 진행되는 이유다.

경쟁력을 훼손하는 것은 국적만이 아니다. 성별, 인종, 종교, 연령, 성적 지향, 신체적·정신적 장애로 사원을 차별하는 회사는 우수한 사원을 얻을 기회를 잃는다. 능력(지능) 이외의 모든 차이를 문제 삼지 않는, 더욱 큰 인재 후보군에서 최적의 인물을 채용하는 회사가 살벌한 경쟁에서 살아남는다.

피부색으로 사원을 차별하지 않고, 게이와 레즈비언도 받아들이고, 장애인을 고용해 모든 사원을 평등하게 대우하는 회사는 자유롭다고 여겨진다. 이처럼 정보사회화와 자유화도 같이 진행된다. 세계 시장에서 비즈니스를 하는 이상, 사원을 차별하는 회사는 고객과 소비자의 신뢰도 얻을 수 없다.

이 사실로 알 수 있듯 실리콘밸리 스타일의 자유란, 보편적 인권을 전제로 세계 시장에서 능력(지능)만으로 노동자를 선별, 채용하고 그렇게 해서 만든 상품이나 서비스를 세계 시장에 평등하게 제공하는 비즈니스 모델을 말한다.

## 트럼프 현상은 자유화에 대한 반동

물론 이런 설명에 위화감을 느끼는 사람도 있을 것이다. 언론에서 매일같이 많은 사람이 "사회가 우경화하고 있다."고

경고하기 때문이다. 미국 대선 결과를 봐도 알 수 있듯 이는 분명한 사실이다. 하지만 여기서 그친다면 현실의 한쪽 면밖에 보지 않은 것이다.

정보사회는 지능이 높은 사람이 큰 이점을 갖는 사회다. 그리고 정보사회화가 진행된다는 것은 일하는 데 필요한 지능 수준이 높아진다는 뜻이기도 하다. 그런 관점에서 보면 '정보사회화 = 세계화 = 자유화'가 삼위일체로 진행될수록 여기서 뒤처지는 사람이 늘어나는 것은 피할 수 없다. 이것이 '중류층 붕괴'로 일컬어지는 현상이다. 이들의 분노가 사회를 보수화(우경화)로 이끌고 있다.

흡연에 빗대면 이해가 빠를지도 모르겠다.

내가 어릴 적에는 병원 대합실에서도 버젓이 담배를 피웠다. 감기에 걸려 기침하는 어린아이 옆에서 어른이 연기를 내뿜는 광경도 드물지 않았다. 1980년대가 돼서도 병원 한쪽에는 흡연실이 있어 환자나 문병객이 내뿜는 연기가 자욱했다. 그러나 지금 병원 대합실에서 담배를 입에 문다면 미친 사람 취급을 당할 것이다. 흡연에 대한 가치관이 불과 반세기 만에 180도 달라진 것이다.

이런 '담배 혐오' 흐름에 애연가는 강하게 반발한다. 이들은 "병원에서도 당당히 담배를 피웠던 그 시절로 돌아가자."고 말하는 것이 아니다. 흡연자에게 쏟아지는 혐오의 시선을 사회적 흐름으로 받아들이면서도 길모퉁이에서 웅크리고 담배를 피울 '애연의 권리'을 인정해달라고 호소하는 것이다.

미국 대선에서 도널드 트럼프의 인종차별적, 여성 차별적인 발언이 문제가 되었음에도 불구하고 많은 백인 유권자가 트럼프에게 투표한 것이 미국 사회의 우경화를 상징한다고들 말한다. 그들은 "미국을 백인 국가로 만들라."거나 "노예제도를 부활하라."고 주장하는 것이 아니다. '반지성주의, 세계화 비판, 보수화'는 애연가들이 '담배 혐오 파시즘'을 비판하는 것과 마찬가지로, 지나친 '정보사회화, 세계화, 자유화'에 대한 반동인 것이다.

## 정보사회에 적응하지 못하면 뒤처진다

현대사회의 특징을 정보사회화, 세계화, 자유화의 삼위일체 구조로 본다면, (세계화의 기점이 된) 1990년대에 접어들어 일본 기업이 왜 세계 시장 경쟁에서 뒤처지기 시작했는지를 이해할 수 있다.

본디 일본 고용 제도는 '본사 채용'과 '현지 채용'이란 말이 상징하듯 '일본우선주의'가 당연시돼, 국적이 다른 인재를 평등하게 대하지 못한다. 현지 채용 사원이 본사로 이동하는 일도 없고, 현지 법인의 수장이나 간부는 본사에서 파견된 (현지 말은 물론 영어조차 하지 못하는) 일본인 사원이다. 이런 노골적인 '차별'이 외국인 사원의 눈에 좋게 비칠 리 없다.

그래서 중국이나 동남아시아의 경우, 우수한 현지 젊은이는 2~3년간 일본계 기업에 다니면서 일을 배우고 나면 지체 없이 (인사 제도가 전 세계 어디나 똑같은) 구미 기업으로 옮겨갔다. 이렇게 인재 획득 경쟁에서 늘 밀리니, 본사에 있는 일본인 사원이 아무리 (쓸데없이) 노력해도 현지에서의 사업 확장이 쉽지 않았다. 일본계 기업 중 현지화에 성공한 경우가, 일본적 고용이 일정하게 우위성을 가지는 제조업이나 유통업 등에 한정된 까닭도 여기에 있다.

현지에서는 물론 일본계 기업이 우수한 인재를 채용하지 못하는 문제를 인식하고 있다. 하지만 이를 바꾸려면 본사 채용과 현지 채용의 국적 차별뿐 아니라 일본적 고용의 근간인 종신 고용이나 연공서열도 손보지 않으면 안 된다. 결국 인재를 양성해 구미 기업에 공급하는 역할을 감수하고 받아들일 수밖에 없다.

장기나 바둑 챔피언마저 꺾어버린 인공지능이 상징하듯 과학기술의 진보를 막을 도리는 없다. 사회에 온갖 알력을 일으키면서도 정보사회화는 앞으로 더욱 빠르게 진행될 것이다. 그렇다면 매우 단순한 다음 사실(현실)을 기억해둘 필요가 있다.

**기업이든 개인이든 정보사회에 적응하지 못하면 뒤처진다.**

세계화나 자유화에 대응하지 못하는 인사 제도를 고집하는 일본 기업이 지식 비즈니스의 선두에서 패배만 거듭하는 것은 당연하다. 그리고 애석하게도 고용 개혁은 일본 사회의 중심에 있는 대기업 정사원과 공무원이 가진 기득권에 직접적인 타격을 가하기 때문에 아베 정권이 아무리 '동일 노동 동일 임금'을 내세워도 변하지 않는다.

그럼 우리는 정보사회화에 적응하지 못하는 '일본 회사' 바깥에서 자신의 인적 자본을 키울 수밖에 없다. 그러나 이 이야기를 하기 전에 조금 더 '일'에 대해 생각해보자.

## 크리에이티브 클래스와 맥잡

클린턴 정권에서 노동부 장관으로 일한 진보 경제학자 로버트 라이시(Robert Reich)는 약 25년 전(1991년)에 세계적인 베스트셀러가 된 《국가의 일(The Work of Nations)》를 출간했다. 그는 이 책에서 21세기 미국인이 하는 일은 크리에이티브 클래스(creative class)와 맥잡(Mcjob)으로 양극화될 것이라고 예언했다. 좀 더 정확히 말하면 ① 정형적 생산(routine production) 서비스, ② 대인(in person) 서비스, ③ 상징 분석적(symbolic analyst) 서비스로 나뉜다고 말했다.

그는 세계적인 경쟁에 의해 '단순 반복 작업(정형적 생산)'에 종사하는 전형적인 공장 노동자의 수입이 신흥국 노동자의 급여 수준으로 떨어질 뿐 아니라 국경에 의해 보호받던 대인 서비스업도 이민자들이 흘러들면서 저소득을 받아들일 수밖에 없게 될 것이라고 예측했다. 미국 중류층은 나라 안팎에서 이중의 세계화 격랑으로 과거의 풍요로움을 잃을 운명에 있다는 것이다. 이 놀라운 선견지명은 2016년 미국 대선에서 증명됐다.

맥잡은 맥도날드(McDonald)처럼 정형화(매뉴얼화)된 일로, 백오피스(Back office, 사무직) 외에 일본의 '전매특허'라 여겨졌던 제조 현장도 포함된다.

과거 직공이 하던 일이 과학기술의 진보로 로봇이나 컴퓨터로 대체되고 매뉴얼화되자 감이나 경험이 없어도 일정 수준의 결과물을 만들 수 있게 됐고, 외국인 노동자로 대체할 수도 있게 됐다. 그 결과, 일본 제조업이 몽땅 인건비가 낮은 신흥국으로 옮겨가면서 산업이 공동화됐다는 것은 새삼 지적할 필요도 없으리라.

이에 반해 크리에이티브 클래스(상징 분석가)는 '일의 가치를 시급으로 계산할 수 없는 일'이다. 이는 다시 '확장할 수 있는 일'과 '확장할 수 없는 일'로 나뉜다.

## 평범의 왕국과 극단의 왕국

연극배우보다 영화배우가 훨씬 큰 부를 얻을 수 있는 이유가 뭘까? 영화는 확장할 수 있지만 연극은 확장할 수 없기 때문이다.

아무리 인기 있는 극단이라도 출연자의 수입은 극장 크기, 1년 동안의 공연 횟수, 관객이 낼 수 있는 요금 등에 의해 정해진다. 이 요소들에는 분명한 상한이 있기 때문에 연극배우가 얻을 수 있는 부에 한계가 있는 것이다(확장성이 없다).

이에 비해 영화는 흥행에 크게 성공하면 전 세계 영화관에서 상영되고, DVD로 판매 혹은 대여되고, 텔레비전에서 방영된다. 그때마다 영화 스타에게 이익이 분배되기 때문에 이 일에는 부의 한계가 없다(확장성이 있다).

이 분류를 제창한 나심 니콜라스 탈레브(Nassim Nicholas Taleb,《블랙 스완(The Black Swan)》 저자)는 확장성이 없는 일을 '평범의 왕국(Mediocristan)', 확장성이 있는 일을 '극단의 왕국(Extremistan)'이라고 했다.

평범의 왕국에서는 대부분의 사람이 평균치 주변에 모여 있어서 별다른 일이 좀처럼 일어나지 않는다. 일본 성인 남성의 신장은 대개 170센티미터 전후로, 190센티미터를 넘는 사람은 극소수이고 3미터인 사람은 없다. 이는 정규분포(종형 곡선)가 지배하는 세계로, 여기서는 극단적인 일이 일어날 위험을 확률적으로 예측할 수 있다. 그래서 통계학과 빅데이터로 관리 가능하다.

반면 극단의 왕국은 복잡계에서 말하는 롱테일(멱함수 분포)의 세계다. 거의 모든 일이 평균 부근에서 일어나는 것은 정규분포와 마찬가지이지만, 공룡 브론토사우루스의 꼬리(테일)처럼 분포의 끝자락이 길게 늘어져 있어서 때때로 터무니없는 일이 일어난다. 이는 키가 1미터인 사람들이 수두룩한 가운데 10미터나 100미터인 거인이 걸어 다니는 것 같은 기묘한 세계다(도표 15).

도표 15 **정규분포와 멱함수 분포**

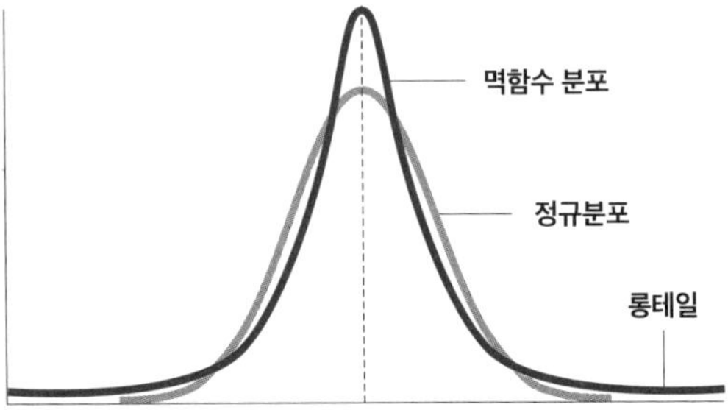


## 블랙 스완을 꿈꾸며

영화 산업이 극단의 왕국 범주에 들어간 것은 과학기술이 진보해 극히 싼값에 (거의 공짜로) 콘텐츠를 복제할 수 있게 된 이후다. 그렇게 해서 일단 영화가 흥행에 크게 성공하면 전 세계 시장에 팔려나가 엄청난 부를 낳게 됐다. 영화와 마찬가지로 책('해리 포터' 시리즈)이나 음악(마이클 잭슨), 패션(샤넬, 구찌 등)이나 프로그램(마이크로소프트)도 극단의 왕국 주민이다.

맥잡은 시급으로 계산되는 일이라서, 수입은 노동 시간에 따라 정해지고 확장성은 전혀 없다. 그러나 크리에이티브 클래스의 일 중에서도 확장성 없는 것이 많다.

예컨대 변호사나 회계사 같은 전문가는 시급이 매우 높지만, 다룰 수 있는 사건이나 의뢰인의 수에는 한계가 있다. 의사의 수입 역시 수술 건수나 환자 수로 상한이 정해질 것이다. 이 일들은 평균 수입은 높지만 역시 평범의 왕국에 속한다.

이 관계를 시각화하면 도표 16처럼 된다.

맥잡은 매뉴얼화된 일, 즉 확장할 수 없는 일이어서 성취감은 없을지 모르지만 책임도 없다.

스페셜리스트란 크리에이티브 클래스 중에서 확장할 수 없는 일에 종사하는 사람들로, 책임이 큰 대신 평균적으로 높은 수입을 기대할 수 있다.

크리에이터는 크리에이티브 클래스 중에서 확장할 수 있는 일에 도전하는 사람들로, 한번 크게 성공하면 엄청난 부를 거머쥘 수 있다. 하지만 대부분은 하염없이 기회만 기다린다.

이는 뭐가 좋고 뭐가 나쁘다는 차원의 이야기가 아니다. 젊은이는 극단의 왕국에 속한 확장할 수 있는 (꿈이 있는) 일에 매력을 느끼겠지만, 블랙 스완(매우 드문 성공)을 만나는 것은 극히 일부의 사

도표 16 **크리에이티브 클래스와 맥잡**

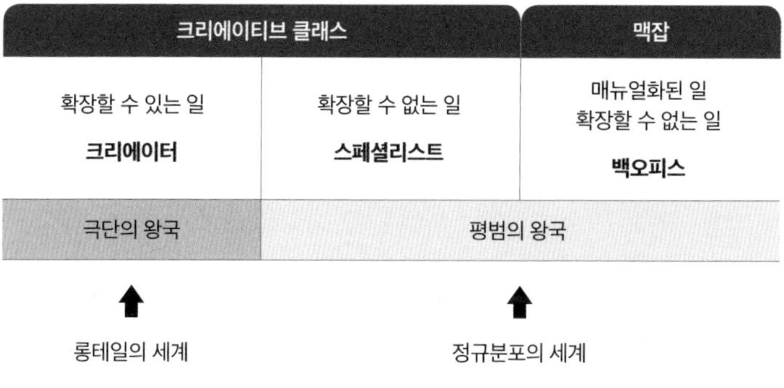

람뿐이다. 스페셜리스트의 일은 급료가 높고 안정적이지만 중압감이 심하다. 맥잡으로는 큰돈을 벌 수 없지만 대신 일이나 인간관계로 고민하는 일도 없다.

## 맥잡으로 자아실현을 할 수 있을까

일에 대한 가치관을 조사한 연구에 의하면, 우리가 일하는 방식은 노동, 경력, 천직 중 어느 한 가지에 해당한다고 한다. 기묘하게도 이는 백오피스(맥잡), 스페셜리스트, 크리에이터라는 분류와 정확히 일치한다.

일을 노동이라고 여기는 사람들은 본질적으로 일이 필요악이며 목표 달성을 위한 수단(생계유지에 필요한 것)이기에 긍정적으로 받아들이지 않으면 정신이 버티지 못한다고 생각한다. 그들이 일하는 것은 근무 외 시간을 즐기기 위해서다.

일을 경력이라고 여기는 사람들은 일을 자신을 성장시키는 도구라고 생각한다. 그들은 일과 인생을 하나로 생각하지는 않지만, 더 많은 수입이나 더 높은 사회적 지위를 얻으려는 야심을 갖고 많은 시간과 에너지를 경력 향상에 쏟는다.

일을 천직이라고 여기는 사람들은 자신이 하는 일에서 충실감과 사회적 의의를 찾는다. 금전적 보상이나 출세를 위해서가 아니라 즐겁기에 일한다. 그들은 일과 인생을 분리하지 않고 평생 현역으로 일하는 것을 당연시한다.

행복 연구 분야의 일인자인 심리학자 소냐 류보머스키(Sonja Lyubomirsky)는《하우 투 비 해피(The How of Happiness)》에서 당연히 예술과 과학이 천직이 되기 쉽지만, 맥잡으로도 자아실현이 가능하다며 다음과 같은 예를 들었다.

어느 병원 청소부 28명을 인터뷰한 결과, 청소 일을 싫어하고 낮은 수준의 기술만 있으면 충분하다고 느끼며 최소한의 일밖에 하지 않는 사람이 있었다. 반면 청소를 중요하고 의미 있는 일로 여기는 사람도 있었다.

자기 일을 중요하게 생각하는 청소부는 환자나 방문객, 간호사가 매일 쾌적한 환경에서 생활하도록 마음 쓰고, 병원에 온 환자에게 병원을 안내하는 등 사회적 교류도 활발했다. 그들은 청소 일을 좋아하고, 상당한 기술이 필요하다고 생각했다. 짧은 시간에 효과적으로 일을 끝마치는 방법이나 병원을 좀 더 쾌적하게 만들어 환자가 빨리 낫도록 돕는 것을 자신의 도전 과제라고 여겼다. 또한 벽에 걸린 그림의 위치를 바로잡거나 들꽃을 꺾어 와 병원을 장식하는 등 매뉴얼에 없는 일도 적극적으로 했다.

연구자가 돈 때문에 맥잡을 하는 사람과 맥잡에서 의미를 찾는 사람의 행복도를 측정해봤다. 결과는 다들 짐작하는 대로, 일로 자아실현을 하는 노동자의 행복도가 압도적으로 높았다. 이 이야기를 읽고 무라타 사야카(村田沙耶香)의 베스트셀러《편의점 인간(コンビニ人間)》을 떠올린 사람도 많을 것이다. 소설 속 주인공은 편의

점의 매뉴얼 작업으로 자아실현을 한다.

단 여기에는 함정이 있다. 청소 일은 시간급이기에 병원은 생계 때문에 어쩔 수 없이 일하는 (불행한) 청소부에게도, 자아실현을 위해 헌신적으로 일하는 (행복한) 청소부에게도, 각자가 일한 시간만큼만 돈을 주면 된다. 즉 경영자는 의도적이든 아니든 자아실현을 이용해 노동자의 보람을 '착취'할 수 있다.

이것은 기우가 아니다. 오늘날 세계적인 기업들이 맥잡 같은 매뉴얼화에서 벗어나 점점 '일본화(japanization)' 하는 흥미로운 현상을 보이고 있기 때문이다. 이에 대해서는 사회 자본과의 관계를 다룰 4장에서 다시 검토하겠다.

일본 사회에서 자아실현이라는 '현대의 성배'를 손에 넣기 위해서는 먼저 '샐러리맨의 삶'을 생각해볼 필요가 있다. 왜냐하면 샐러리맨(회사원)은 크리에이터, 스페셜리스트, 맥잡이라는 세계 공통의 노동 분류 기준 어디에도 속하지 않기 때문이다.

샐러리맨의 실체는 대체 뭘까?

# 003 샐러리맨으로 산다는 것

《인사부는 보고 있다(人事部は見ている。)》의 저자 구스노키 아라타(楠木新)는 생명보험사에서 인사, 노무, 경영 기획, 지사장으로 일한 뒤 샐러리맨으로 근무하면서 '일하는' 의미를 주제로 취재하고 글을 쓰기 시작했다. 그의 다른 저서 《샐러리맨은 두 번 회사를 그만둔다(サラリーマンは、二度会社を辞める。)》 1장 제목은 '일로 자아실현을 하려 해서는 안 된다'이다.

거기서 그는 다음과 같은 인상적인 일화를 소개한다.

## 일로 자아실현을 하려 해서는 안 된다

그가 생명보험사 지사장으로 있을 때의 일이다. 한 젊은 사원이 그를 찾아왔다. 그 사원은 장사하는 집안에서 자란 영향도 있어, 앞으로 자기 사업을 하고 싶다고 생각했다. 목표는 게임

회사 사장이나 각광받는 프랜차이즈 편의점 회사 경영자로 스티브 잡스를 존경한다고 했다.

구스노키는 "자네 뭔가 기본적인 부분을 착각하고 있는 것 아닌가?" 하고 젊은 사원의 말을 끊었다. "자네가 매일 회사에서 일한다는 건 엄청난 개성은 없다는 얘길세. 눈에 띄는 개성이 있는 인재라면 틀림없이 입사도 하지 못했을 거고, 설령 회사에 들어왔다 해도 바로 그만뒀을 테니까."

구스노키는 대체 무슨 말을 하려고 한 것일까?

그는 인사부에 있을 때 한꺼번에 30명이 넘는 신입사원을 채용한 적도 있다. 그렇게 사람을 많이 뽑던 시기에도 매력적인 개성이나 독보적인 능력을 가진 인재는 뽑지 않았다고 한다. 젊은 담당자가 아무리 "그를 꼭 채용해야 합니다."라고 말해도 굽히지 않았다.

그 이유는 회사가 원하는 것은 사원의 '능력'이 아니라 '조직에서 일할 수 있는가'이기 때문이다.

물론 이는 구스노키의 독단이나 편견이 아니다. 훗날 책을 쓰기 위해 인사에 관여했던 사람을 여러 명 만나 이야기를 들어봤다. 그들은 하나같이 "두드러진 능력이나 특별한 자격을 가진 인재는 채용하지 않는다."라고 말했다. 대기업 채용 담당자가 보는 것은 그 학생이 흥미 없는 일, 재량권 없는 일, 희망하지 않는 지역에서 근무하라는 지시를 받아도 조직 안에서 온 힘을 다해줄 것인가 하는 점이다. 대학에서는 학생들에게 '기업은 유능한 인재를 원한다'고 가르치지만, 실제로는 유능해도 개성적인 인재를 제일 먼저 제외

시킨다.

이제 구스노키가 한 말의 의미를 알았을 것이다. 벤처 사업을 꿈꾸는 젊은 사원은 면접을 봐서 생명보험사에 취직하고 몇 년이나 일했다. 이 사실은 그가 스티브 잡스가 될 수 없음을 말해준다. 애당초 잡스는 취직 같은 것을 하지 않았고 대학도 중퇴했으니까.

당혹스러워하는 젊은 사원에게 구스노키는 이렇게 조언했다.

"그러나 자네에게는 그들(개성적 인재)에게 없는 장점이 있네. 자네가 이 회사에 입사할 수 있었던 것은 인사 담당자가 동료로 함께 일할 수 있다고 인정했기 때문이지. 그것을 키워보는 것이 어떤가. 매력적인 개성이나 독보적인 능력이 있어야 행복하게 일하는 인생을 살 수 있는 건 아니라네. 어쩌면 자네가 더 유리한 위치에 있는지도 몰라."

너무 냉혹하다고 생각하는가?

구스노키는 순조롭게 출세 가도를 달리던 40대 중반에 "내가 하는 일이 아무에게도 도움이 되지 않는다."는 생각에 사로잡혔고, 우울증 진단을 받았다. 결국 그가 스스로 원해 평사원으로 일한 적이 있다는 것을 알면 그의 말에 담긴 무게를 느낄 수 있을 것이다. 그는 '(일본의) 회사'라는 아주 이상한 조직을 밑바닥부터 관찰할 기회를 가짐으로써 세상에 널리 퍼진 잘못된 상식(허울 좋은 일)에서 벗어나, 일본의 '샐러리맨'이라는 '희소종'의 참모습을 발견할 수 있었던 것이다.

## 일하기 위해 태어났나

유명 광고 회사 덴쓰(Dentsu)에 입사한 지 불과 8개월밖에 안 된 사원이 2015년 크리스마스 밤에 투신자살했다. 덴쓰는 2013년에도 서른 살 직원이 과로사(병사)한 일로 노동기준감독서(노동자 보호 법규에 정해진 사무를 관장하는 후생노동성 산하 기관 - 옮긴이)로부터 수차례 시정 권고를 받았음에도 계속 무시한 탓에 형사사건으로 조사받을 처지에 놓였고, 그 책임을 지고 사장이 자리에서 물러났다.

보도에 의하면 자살한 사원은 인터넷 광고를 담당하는 부서에서 발주 기업의 광고 데이터를 집계, 분석해 보고서를 작성하는 일을 했다. 이 인터넷 광고 부서는 2016년 9월 말, 보고서를 조작해 운용 실적을 허위 보고하거나 광고하지 않았으면서 광고비를 청구하는 등 부정행위를 저질러온 사실이 발각됐다. 회사 측은 그 원인을 두고 "현장이 느끼는 압박감 등을 좀 더 세심하게 관리할 필요가 있었다."고 말했다.

사원은 자살하기 전 SNS에 "휴일까지 반납하고 만든 자료를 쓰레기라고 했다. 이제 몸도 마음도 만신창이다." "살기 위해 일하는 건지 일하기 위해 사는 건지 모르겠다. 이게 인생인가." "남자 상사에게 여자로서의 매력이 없다는 말을 들었다. 웃자고 하는 말이었겠지만, 참는 데도 한계가 있다."라는 메시지를 올렸다. 자살한 당일 아침에는 어머니에게 "일도 인생도 너무 힘들어요. 지금까지 고

마웠어요."라는 문자메시지를 보냈다.

그 전에도 악덕 기업에 대한 비판은 있었지만, 일본을 대표하는 대기업마저 비정상적인 노동 환경을 당연시했다는 사실이 밝혀졌다는 의미에서 매우 상징적인 사건이다. 쏟아지는 비판에 덴쓰는 본사 건물을 밤 10시에 일제히 소등하는 등 심야 잔업을 억제하는 조치를 취했다. 하지만 이는 진정한 해결책이 아니다. 왜냐하면 장시간 노동은 한낱 결과에 지나지 않기 때문이다.

## 직무형과 멤버십형

일본 기업에서 일하는 사람이 왜 과로로 자살하는지 이야기하기 위해서는, 먼저 일본 회사나 샐러리맨이 어떤 방식으로 일하는지 그 기본적인 구조를 살펴볼 필요가 있다.

이미 여러 사람들이 지적했지만, 구미 회사의 인사 시스템이 '직무형'인 것에 비해 일본 회사는 '멤버십형'이라는 것이 가장 큰 차이다.

직무형이란 직무를 기준으로 일이 성립하는 조직이다. 인사부는 경영자가 결정한 비즈니스 전략에 따라 필요한 직무를 보충하고, 불필요한 직무를 삭감한다. 직무 간 이동은 원칙적으로 없다. 영업 인원이 부족하면 노동시장에서 적임자를 모집한다. 간접부문에서 사람이 남아돌면 구조 조정을 통해 적정 규모로 되돌린다.

일본 회사라면 당연히 인사부나 총무부에서 영업부로 인사이동이 이루어질 것이다. 이 이야기를 구미 비즈니스맨이 들으면 깜짝 놀란다.

직무형의 특징은 일에 필요한 능력이나 자격이 엄밀히 정해져 있어, 그 기준을 충족하는 노동자라면 누구든 대체할 수 있도록 매뉴얼화돼 있다는 것이다. 그런 까닭에 능력과 자격이 같으면서 더 낮은 임금으로 일할 노동자(이를테면 이민자)가 있다면 지금 사원을 해고하고 그들을 고용하는 것이 경제적인 측면에서 봤을 때 합리적이다. 같은 능력과 자격을 갖춘 인재가 중국이나 인도 같은 신흥국에 밀집돼 있다면 공장을 통째로 옮기는 것이 더욱 합리적이라고 여긴다.

반면 멤버십형은 말 그대로 '멤버'를 중심으로 일이 성립하는 회원제 조직이다. 정회원(정사원)과 비회원(비정규직)의 신분이 엄밀히 정해져 있고, 정사원에게는 조직(집)에 있는 동료와 화합하면서 모든 직무에 대응할 수 있는 능력이 요구된다. 이런 인재는 편리하지만 그 능력은 (어쩌다 입사한) 특정 회사에 맞춰져 있어, 다른 조직에서까지 널리 쓰이지 못한다. 결과적으로 종신 고용과 연공서열로 얻는 안정적인 수입은 다른 회사 일로 대체할 가능성(전직 가능성)을 포기한 데 따른 보상이다.

샐러리맨이 일하는 방식은 스페셜리스트(전문가)라기보다는 제너럴리스트(generalist, 만능인)라고 불린다. '제너럴리스트'라는 말은 '샐러리맨'처럼 일본에서 만들어진 용어로, 다른 나라에서는 전혀 통용되지 않는다. 직무형 조직은 스페셜리스트로 이루어져 있고, 온갖 직무를 처리하는 제너럴리스트는 애당초 없기 때문이다.

직무형과 멤버십형은 각기 일장일단이 있다. 그러나 최근에는 일본식 경영에 대한 비난이 한층 격렬해지고 있다.

그 이유 중 하나는 일본의 '비정규직'이 똑같은 일을 하고도 급여가 다른 것은 '신분 차별'이 아니냐며, ILO(International Labor Organization, 국제노동기구)를 비롯해 국제사회가 의혹의 눈길을 보내고 있기 때문이다. 아베 정권이 '동일 노동 동일 임금'을 필사적으로 도입하고자 하는 이유는 위안부 문제에 이어 '일본은 차별사회'라는 딱지가 붙는 것을 피하기 위해서다.

## 인터넷 경매가 착한 사람을 만든다?

일본 회사를 이해하는 또 한 가지 포인트는 직무형이 '개방적'이고 멤버십형이 '폐쇄적'이라는 것이다. 이 이야기는 《잔혹한 세상에서 살아남는 단 한 가지 방법(残酷な世界で生き延びるたったひとつの方法)》에서 이미 소개했는데, 샐러리맨의 인생을 이해하는 데 매우 중요한 부분이기에 다시 다루려 한다. 키워드는 '성당과 시장(The Cathedral and the Bazaar)'(자유 소프트웨어 철학을 대변한 책의 제목 - 옮긴이)이다.

인터넷 경매가 처음 등장했을 때 대다수 전문가는 이런 비즈니스가 성립될 리 없다며 콧방귀를 뀌었다. 참가자가 출품자를 전혀 모르니, 출품자가 가짜를 내놓고 터무니없는 폭리를 취하리라 생각한 것이다.

그러나 이런 전문가들의 예상(이랄까 냉소)을 뒤집고, 오늘날 이베이(ebay)나 야후옥션(ヤフオク)은 거대 비즈니스로 성장했다. 그 비밀은 바로 '평판'에 있다. 인터넷 경매에서는 낙찰자가 출품자를 평가할 수 있는 것이다.

만일 당신이 인터넷 경매로 사기를 치려 한다고 해보자. 그런데 당신은 아직 어떤 평판도 받지 못했기에 이대로는 고액의 물건을 출품해도 아무도 입찰하는 사람이 없을 것이다. 사기로 돈을 벌기 위해서는 어떻게든 높은 평판을 얻지 않으면 안 된다.

가장 손쉬운 방법은 소액 출품을 반복해 성실히 물건을 팔고 꾸준히 좋은 평가를 획득해가는 것이다. 이렇게 평판을 얻으면 고액의 상품을 출품할 수 있을 뿐 아니라 다른 출품자와 동일한 상품을 출품하더라도 좀 더 비싼 값에 낙찰받을 수 있다. 경매 참가자는 양심적인 업자와 거래할 수 있다면 흔쾌히 돈을 더 지불한다.

이렇게 해서 마침내 사기를 칠 만큼 충분한 평판을 얻었다고 하자. 지금이라면 거짓으로 액정 텔레비전 같은 고액 상품을 대량으로 출품하고 돈이 입금된 순간에 전액을 현금으로 인출해 도망칠 수 있다. 하지만 이때쯤에는 경매업자로서 어느 정도 이익을 올렸을 것이다.

따라서 당신은 두 가지 선택지 사이에서 갈등하게 된다.

한 가지는 계획대로 사기를 쳐서 즉시 큰돈을 얻는 것이다. 하지만 잡히면 감옥에 갈지도 모른다(고위험 고수익 전략). 다른 한 가지는 지금껏 쌓아온 높은 신용도를 이용해 비즈니스를 이어가는 것이다(저위험 저수익 전략).

어느 쪽을 택할지는 물론 본인 마음이지만, 대부분은 후자를 택한다. 사람의 심리는 손실이 생기면 고위험을 택하는(만회하려고 한다) 데 반해 수익을 얻는 상황에서는 저위험을 선호하는(보수적이 된다) 경향이 강하기 때문이다. 그런데 이것 이상으로 더 큰 유혹이 당신을 사로잡는다. 이대로 비즈니스를 이어가 더 많은 평판을 획득하면 장차 더 큰 사기를 칠 수 있다고.

사실은 여기가 끝이 아니다. 다음번 기회에도 당신은 이 두 선택지로 고민하고, 역시 정직한 사람을 연기하는 쪽을 택한다. 그리고 그다음 기회에도……. 이렇게 악의가 있는 사람은 악의를 품은 채 '착한 사람'으로 일생을 마치게 된다.

이런 이상한 일이 일어나는 것은 인터넷 경매가 부정적인 평가보다 긍정적인 평가에 높은 가치를 두기 때문이다.

## 포지티브 게임과 네거티브 게임

여기서 부정적인 평가 공간을 '성당', 긍정적인 평가 공간을 '시장'이라고 부르자. 성당과 시장은 게임 규칙이 근본적으로 다르다.

시장은 개방적이어서 참여도 퇴출도 자유롭다. 상대가 평판을 떨어뜨려도 전혀 효과가 없다. 악평을 많이 받은 업자는 서둘러 폐업하고 다른 장소에서 다른 이름으로 다시 장사를 시작하면 된다.

시장에서는 일단 퇴장하면 악평은 물론 좋은 평판도 사라진다. 그런 까닭에 좋은 평판을 많이 얻은 업자는 같은 장소에 머물며 좋은 평판을 더 많이 받으려고 한다. 왜냐하면 고객은 평판이 좋은 업자에게서 상품이나 서비스를 사려고 하기 때문이다. 이것이 비즈니스를 확대하는 가장 합리적인 전략이다.

이렇게 시장 공간에서의 일반적인 게임은 '가급적 눈에 띄어 좋은 평판을 많이 획득하는 것'이다. 이것이 포지티브 게임이다.

그런데 성당은 폐쇄적이어서 한번 달린 악평이 계속 따라다닌다. 이 게임의 전형이 학교에서의 집단 괴롭힘이다. 한번 표적이 되면 졸업할 때까지 계속 괴롭힘을 당하기에 '가급적 눈에 띄지 않게 익명성이란 갑옷을 두르고 악평을 피하는 것'이 최적의 생존 전략이다. 이것이 네거티브 게임이다.

여기서 주의해야 할 것은 성당과 시장이 일본과 구미의 국민성 차이에 따른 것이 아니라는 점이다. 미국 학교에서도 음습한 집단 괴롭힘이 사회문제가 되고 있다. 농밀한 인간관계가 폐쇄된 공간을 지배하는 무라사회(ムラ社会, 촌락을 기반으로 형성된 지역사회. 힘있는 사람을 중심으로 엄격한 질서를 유지한다-옮긴이)에 짓눌리면, 일본인이든 미국인이든 악평을 피해 상대를 악평하는 네거티브 게임이 일반적인 생존 전략이 된다.

문제는 일본 회사가 전형적인 폐쇄 공간(성당)이 됐다는 것이다. 연공서열과 종신 고용이라는 일본식 고용 관행 때문에 중간 관리직 이상은 회사를 옮기기 매우 어렵고, 전직 가능 시기는 35세 이전이기 때문이다. 40대 중반이 넘으면 회사를 그만둬도 거의 재취업할 수 없다. 비정규직으로 일할 기회를 찾는다면 그나마 운이 좋은 것이다. 대개는 편의점 계산원이나 도로 공사장에서 교통정리를 하는 일 정도밖에 없다.

이토록 위험이 크기 때문에 중장년이 된 샐러리맨은 아무도 회사를 그만두려 하지 않는다. 즉 경제적인 판단으로 스스로 회사에 감금되기를 원한다.

그런데 바로 여기에 매우 위험한 함정이 도사리고 있다.

## 전기 충격을 받은 개

'욕구 5단계 이론'으로 자기 계발의 역사에 한 획을 그은 에이브러햄 매슬로는 유태계 러시아 이민자의 자녀로 뉴욕에서 태어났다. 그리고 제2차 세계대전 이후 '미국이 가장 빛나던 시대'에 심리학자로 첫발을 내디뎠다. 매슬로는 유럽의 음울한 심리학, 즉 프로이트의 정신분석학을 몹시 싫어했다. 사람이 무의식적으로 억압당한 성적 욕망, 그것도 어머니와 근친상간하고 싶다는 욕망에 지배당한다는 '비인간적'인 학설을 도저히 받아들일 수 없었다. 휴머니스트인 매슬로에게 인생이란 좀 더 진취적이고 가치 있는 것이어야만 했다.

미국 심리학자 마틴 셀리그만(Martin Seligman)은 매슬로의 사상을 이어받아 부정적인 심리보다 긍정적인 심리에 무게를 두는 것이 행복으로 가는 열쇠라는 '긍정의 심리학'을 창시했다. 훗날 미국 심리학 회장이 된 셀리그만을 일약 유명하게 만든 것이 '학습된 무력감(learned helplessness)' 실험이다.

이 실험에는 개 두 마리가 등장한다. 두 마리 다 움직일 수 없게 줄에 묶여 있다. 한 마리 옆에는 판자가 있어서, 머리를 옆으로 흔들어 판자를 건드리면 그 뒤에 있는 버튼이 눌리고 전류가 멈추게 돼 있다. 다른 한 마리는 아무 장치도 없어 스스로 전류를 멈출 수 없다.

셀리그만이 두 마리 개에게 전기 충격을 가했다. 개들은 고통에서 벗어나려 심하게 버둥거렸지만 묶여 있는 탓에 움직일 수가 없었다. 그러는 동안 머리 옆에 판자가 있는 개는 우연히 머리로 그 판자를 누르면 전기 충격이 멈춘다는 사실을 알아차렸다.

개는 곧 이 사실을 학습하고 전기 충격이 있을 때마다 머리를 흔들어 전류를 멈췄다. 그러나 다른 개는 어떻게 해도 고통에서 벗어날 수 없었다. 결국 나중에는 아무리 전기 충격을 가해도 그저 눈을 감고 앉아 있기만 했다.

고통을 회피할 선택지가 주어진 개는 스트레스 호르몬 수치가 그리 높지 않았다. 그에 반해 선택지를 빼앗긴 개는 스트레스 수치가 견딜 수 있는 상한을 넘어 그 어떤 자극에도 아무 반응도 할 수 없게 됐다.

셀리그만의 학습된 무력감 실험은 감금된 상태에서 오랫동안 고통받으면 마음에 중대한 손상을 입는다는 사실을 보여준다. 그리고 폐쇄적인 성당 공간인 일본 회사는 일에 좌절하거나 인간관계가 삐거덕거리면 즉시 이 조건을 충족하고 만다.

덴쓰의 과로 자살 사건에서, 죽음을 택할 수밖에 없었던 사원을 두고 "어째서 그렇게 되기 전에 그만두지 않았는가?"라고 말하는 사람들이 있었다. 그런데 일단 회사에 감금당하면 그 선택지를 빼앗기고 만다. 사원의 비통한 SNS는 성당 안에서 끊임없이 고통을 주는 잔혹한 일본 회사의 상징인 것이다.

## 장시간 노동은 우울증의 원인이 아니다

일본 기업에 우울증이 만연해 있다는 것은 널리 알려진 사실이지만, 기업 정신 건강 교육의 선구자인 미나미 도시유키(見波利幸)는《마음이 꺾이는 직장(心が折れる職場)》에서 "장시간 노동은 정신이상의 본질적인 원인이 아니"라며 다음 사례를 들었다.

미나미를 찾아온 상담자는 두 번째로 휴직하면서 "이대로는 미래가 없다. 회사에 계속 다닐 수 있을지 모르겠다. 앞으로 어떻게 하면 좋을까?" 고민하고 있었다.

첫 번째 휴직은 큰 계약이 달린 중대한 프레젠테이션을 앞두었을 때였다. 당시 그는 영업을 담당하고 있었는데 사람들 앞에서 말하는 것이 서툴러 프레젠테이션이 너무도 고통스러웠다. 아니나 다를까, 프레젠테이션 직전 우울증에 걸려 끝내 휴직했다.

몇 년 뒤 복직한 그는 사내 여러 부서들을 아우르는 프로젝트팀의 부팀장이 될 만큼 회복된 상태였다. 그러나 그 팀의 계획을 임원들 앞에서 프레젠테이션해야만 했고, 그 직전에 우울증이 재발해 휴직하게 됐다.

상담자는 두 번이나 프레젠테이션을 앞두고 불안이 고조됐고, "나는 한심한 인간이야."라거나 "나는 프레젠테이션을 못하는데……."라는 생각으로 머릿속이 가득해 일이 전혀 손에 잡히지 않았다고 말했다. 그런데도 상사나 동료는 그의 괴로움을 조금도 알아채지 못했고 "일이 너무 많았나 보군."이라는 정도로밖에 인식하지 못했다고 했다.

이는 직장 우울증의 전형적인 사례다. 힘든 프레젠테이션을 무사히 마쳐야 한다고 생각하는 성실성과 장시간 노동 때문에 우울증에 걸렸다고 누구나가 생각할 것이다. 그러나 정신 건강 전문가인 미나미의 생각은 달랐다. 진짜 원인은 "영업 담당자로서 제품에 대한 업무 지식과 영업 기술 수준이 낮은" 데 있다고 지적했다. 요컨대 일과 상담자의 능력이 맞지 않았던 것이다.

그러나 상담자는 이 '불편한 진실'을 (무의식중에) 인정하지 않았다. 15년 차 중견 사원이 이 사실을 밝히면 "지금 와서 그런 소리를 해서 어쩔 생각이야?" 하고 비난받을 것이고, 결국 회사에서 계속 일할 수 없게 될 것이라는 공포를 느꼈기 때문이다. 그가 우울증에 걸린 것은 프레젠테이션에 나서지 않음으로써 부족한 능력이 발주 기업이나 임원 같은 '프로'들 앞에서 여실히 드러나는 것을 피하기 위해서였다. 미나미는 이것이 정신적인 문제를 호소하는 샐러리맨에게 가장 많은 고민이라고 덧붙였다.

일본의 경우, 대학(인문과학 계열 학부)은 '교양'을 배우는 곳으로 여겨진다. 법학부 교수들은 법률 실무를 얕잡아보고, 경제학부 교수들은 비즈니스를 무시하기에 갓 대학을 졸업한 신입 사원은 비즈니스 기술이 전혀 없는 상태에서 일을 시작한다. 달리 말하면, 회사 측도 대학에서 이상한 지식을 배운 인재를 회사 스타일에 맞게 '세뇌'하기 어렵다고 여긴다. 학력은 기초적인 지능을 증명하는 정도의 가치밖에 없다. 일단 입사를 결정한 뒤에는 대학 성적을 전혀 고려하지 않고, 모든 신입 사원을 '동기'로 같은 선상에 세우는 것은 이런 이유에서다. 대학원 석사를 나와도 학부 졸업생과 똑같은 취급을 받고, 박사는 나이가 많아 다루기 까다롭다는 이유로 기피당해 애당초 입사할 수도 없다.

그런 신입 사원이 멤버십형 조직에서 각각의 '성당'에 최적화된 제너럴리스트(범용적 사원)가 되기를 요구받는다. 이런 업무 환경에서 '프로'가 나오지 못하는 것은 당연하다.

프로란 '프로 의식을 가진 자'를 말한다. 원래는 헌신하기로 신과 계약을 맺은 직업(종교가, 의사, 변호사)을 가리키지만, 여기서는 비즈니스에 필요한 지식이나 기능의 의미로 사용하고자 한다.

정보사회화가 진행되면서 당연히 프로로서 업무에 요구되는 수준도 높아졌다. 그런데 일본 회사에는 제너럴리스트밖에 없고, 프로를 양성하는 시스템도 없다. 결국 세계화와 과학기술의 진보로 업무 환경이 크게 변하자, 거기에 필요한 지식이나 기능이 부족한 인재가 대량으로 양산되면서 비즈니스 현장이 큰 혼란을 겪게 된 것이다.

이런 관점에서 보면 덴쓰의 과로 자살 사건 이면에 뭐가 있는지 알 수 있다.

광고 회사는 이제까지 텔레비전, 신문, 잡지를 주요 매체로 간주하고 영업해왔다. 그런데 2000년대 들어 인터넷이 급속히 보급되면서 종래의 비즈니스 모델을 대폭 수정하지 않으면 안 됐다.

이런 경우, 구미 기업은 먼저 인터넷 광고에 정통한 인재를 외부(예컨대 야후나 구글)에서 데려와 프로젝트팀의 장으로 앉힌다. 팀원도 프로그래밍이나 웹 디자인을 해본 경험이 있는 젊은 인재를 벤처기업에서 모집한다. 완전히 새로운 분야이기에 본사 사원은 타 부문과 연락을 주고받을 담당자만 있으면 충분하다.

이런 전문가 집단이라면 인터넷 광고의 기본도 모르는 신인이 배속돼, 초보와 다름없는 상사에게 농락당하고 문드러지는 사태는 벌어지지 않는다. 그렇다면 어째서 이런 간단한 일이 일본에서는 이루어지지 못하는 것일까?

그것은 말할 나위도 없이 연공서열, 종신 고용에 얽매인 일본 기업은 프로젝트 책임자를 외부에서 데려오거나 경력직 입사자들로만 팀을 꾸릴 수 없기 때문이다. 그런 까닭에 빈곤한 사내 인재 후보군에서 적임자를 찾으려 한다. 하지만 생각처럼 될 리 없다. 기술, 경험, 지식이 없는 인간이 모인 '부적재 부적소' 현장의 혼란을 장시간 노동이라는 인력으로 어떻게든 극복하려 하고, 그 결과 상사의 괴롭힘과 성희롱이 만연할 뿐이다.

## 일본에서는 의사도 샐러리맨이다

정보사회에서 일은 크리에이티브 클래스와 맥잡으로 양극화되고, 크리에이티브 클래스는 확장할 수 있는 크리에이터와 확장할 수 없는 스페셜리스트로 나뉜다. 이는 세계 어디나 공통된 노동 방식이다. 크리에이터는 일본이든 구미든 큰 차이가 없다. 성공하기 어렵지만 일단 한번 성공하면 엄청난 부와 명성을 얻을 수 있는 고위험 고수익의 일이다.

크리에이터가 어째서 샐러리맨이 되지 않는가 하면, 회사는 일개 종업원에게 끝도 없이 높은 보수를 줄 수 없고, 전혀 이익을 내지 못하는(성공하지 못하는) 크리에이터를 많이 키울 수도 없기 때문이다. 일본에서는 원래 인기 배우도 영화사에 소속된 '샐러리맨'이었으나, 영화가 대중오락으로 정착하자마자 독립해 구미처럼 독립 사업자가 된 것은 바로 이런 까닭에서다.

그런데 스페셜리스트의 경우, 일본인이 일하는 방식은 다른 나라들과 다르다.

스페셜리스트는 전문적 지식이나 기능을 가진 프로다. 변호사, 회계사, 의사가 대표적인 예다. 이런 직업은 성과에 따라 능률급이 지불되는 성과주의로, 고객의 높은 평가가 고수입으로 이어진다. 하지만 확장성이 없기 때문에 성공한 크리에이터처럼 엄청난 부나 명성은 기대할 수 없다.

스페셜리스트가 일하는 방식으로 가장 적합한 것이 자영업이다. 이들은 조직에 속해 있어도 '회사 간판'만 빌린 경우가 일반적이다. 일본에서는 변호사가 이 경우에 속한다. 대형 법률사무소에 소속돼 있어도 일은 각 변호사에게 분담되고, 보수도 성과에 따라 제각기 정해지기 때문에 기본급이나 생활급이란 것이 없다.

그런데 같은 스페셜리스트라도 의사는 사정이 180도 다르다.

구미에서 의사는 병원 시설, 간호사, 사무 등의 기능과 간판을 빌린 자영업자다. 환자는 병원이 아닌 의사를 지명하고, 병원은 의사에게 지불하는 보수에서 '임대료'를 징수한다. 병원이 제공하는 기능에 불만이 있거나 임대료가 지나치게 높으면 의사는 다른 병원으로 옮긴다. 이때 환자도 함께 따라간다. 환자는 자신이 택한 의사에게 치료받고 있기에 당연하다.

그런데 일본의 경우, 의사는 출신 대학의 의국 사정에 따라 병원을 옮기고, 환자는 그대로 그 병원에 남는다. 환자의 뜻과 상관없이 주치의가 바뀌는 것이다. 일본인은 '병원'에 의지하는 것을 당연하게 여기는데, 이는 세계적인 기준과 완전히 동떨어져 있다. 구미의 환자가 이 사실을 안다면 경악할 것이다. 환자가 자기 병을 가장 잘 치료해줄 것이라고 생각해 택한 의사가 아무 말도 없이 제멋대로 치료를 내팽개치는 것은 의료 윤리에 어긋날뿐더러 인권 침해의 소지도 있다.

이것으로 알 수 있듯 일본에서 개업의는 자영업자이지만, 병원이란 '회사'에 소속된 의사는 '샐러리맨'이다.

## '신분 차별 사회' 일본

구미 회사는 스페셜리스트와 백오피스가 엄밀히 나뉘어 있다. 투자은행가나 프라이빗 뱅커는 의사나 변호사처럼 회사의 이름을 빌린 자영업자다. 그들의 보수는 성과주의로 정해져서, 돈을 벌면 사장 이상의 보수를 받지만 손실을 내면 즉시 해고다. 이는 '비정'한 것이 아니라 자영업자에게 고용 보장이 없다는 점을 생각하면 지당한 이야기다.

그런데 일본 회사에서는 스페셜리스트와 백오피스 업무가 하나로 묶여 있어, 전문적인 일을 하는 사원과 맥잡밖에 하지 않는 사원이 똑같은 취급을 받는 이상한 일이 벌어진다. 이런 의미에서 샐러리맨은 '직업'이 아니라 '신분'이다. 세계화가 이루어지면서 이런 노동 방식이 점점 제 기능을 못하는 것은 당연하다.

본질적으로 자영업자인 스페셜리스트를 백오피스처럼 매뉴얼대로 일하게 할 수 없고, 맥잡인 백오피스를 스페셜리스트처럼 성과주의로 평가할 수 없다. 따라서 유능한 스페셜리스트는 자기 일이 백오피스와 똑같이 평가되는 데(노력해도 보상받지 못하는 데) 진저리가 나 서둘러 회사를 등진다. 결국 회사에는 백오피스보다는 전문적이지만, 스페셜리스트로서의 지식이나 기능은 없는 어정쩡한 인재만 남는다. 이들이 일본 회사에서 '제너럴리스트'라 불리는 사람들이다.

물론 상황이 이쯤 되면 경영자도 골치가 아프다. 그래서 백오피스 역할을 하는 정사원을 비정규직으로 대체하려 한다. 그 결과, 일본 기업에서는 똑같은 일을 하면서도 정사원과 비정규직으로 신분이 나뉘게 됐다. 이렇게 해서 '동일 노동 동일 임금'이 정치적 과제가 됐지만, 문제는 단순히 급여만이 아니다.

구미 기업은 사원들에게 고용을 보장하지 않는다고들 한다. 하지만 이는 한 면만 보고 하는 소리다. 구미에서도 백오피스는 '회사의 일'을 하기 때문에 일방적으로 해고당하면 생계를 꾸릴 수 없다. 그렇기 때문에 실적 부진으로 레이오프(lay-off, 일시해고)를 해야 할 때도 엄밀하게 절차를 밟아 가급적 고용과 생활을 지킬 수 있도록 배려하는 것이 보통이다.

그런데 일본은 백오피스 중 비정규직은 단순한 하청 계약이라서 고용 보장 같은 것이 전혀 없다. 계약 기간이 끝나면 무조건 해고된다. 이토록 가혹한 노동 방식은 선진국에서는 도저히 생각할 수 없는 것이다. 왜 이런 불합리한 일이 생겼을까? 일본에서는 정사원이 실질적으로 해고되지 않도록 든든히 보호받는 '신분'이기에, 비정규직을 정사원과 똑같이 처우할 수 없는 것이다. 그 결과 비정규직만 늘어나고 고용의 질은 더욱 악화돼간다.

이런 상황을 바꾸기 위해 제안된 것이 '잔업비 제로 법안'이라 비판받는 고도 프로페셔널 노동제다. 그 취지는 인건비를 줄이는 것이 아니다. 일본 회사에서도 스페셜리스트와 백오피스를 명확히 구분하고, 스페셜리스트에게 세계적인 수준의 보수와 대우를 제공하자는 것이다.

그런데 왜 이런 당연한 일이 실현되지 못하는 것일까?

그것은 샐러리맨 대부분이 '스페셜리스트도 백오피스도 정사원이라면 모두 평등'한 지금까지의 안일한 환경이 '파괴'되지 않길 바라기 때문이다. 그들은 '잔업비 제로'에 반대하는 것이 아니다. 오히려 잔업비를 받을 수 있는 처지가 되는 것을 두려워하고 있다. 왜냐하면 그것은 자신의 일이 비정규직과 똑같다는 것을 증명하기 때문이다. 이제까지 정사원이라는 기득권에 안주해온 백오피스 샐러리맨이 이 법안에 반대하는 것은 당연하다.

그런데 성과에 따라 높은 급료를 받을 수 있는 스페셜리스트인 샐러리맨까지 이 법안을 반대하는 이유는 뭘까? 후한 해고 규제로 '신분'이 보장되는 데다 성과주의로 급여까지 늘어난다면 일석이조일 텐데 말이다.

그 이유는 다들 이미 알 것이다. 애당초 일본 회사에는 스페셜리스트가 없다. 그런 그들에게 '스페셜리스트 업무를 우대하는 법안' 같은 것은 완전히 무의미한 데다 자신에게 '전문성' 같은 것이 없다는 사실만 드러날 뿐이다. 그러니 필사적으로 반대하는 것은 지극히 합리적이다.

이 관계를 보여주는 것이 도표 17로, 일본의 '고용 개혁'이 비정규직을 늘리는 방향으로 진행될 수밖에 없음을 보여준다. 장차 수십 년이 지나면 일본 회사에서도 백오피스 업무를 하는 사람은 모두 '비정규직'으로 대체되고, 규제 강화로 대우가 좋아져 구미처럼 '해고할 수 있는 사원'이 될지 모른다. 그렇게 되면 회사에 남은 몇 안 되는 정사원은 그대로 스페셜리스트(회사의 간판을 빌린 자영업자)로 옮겨 갈 수 있다. 이 원대한 계획이 실현될 때까지 일본 회사가 존속할 수 있을지 어떨지는 알 수 없지만 말이다.

도표 17 **직무 구분과 일본 고용 형태의 관계**

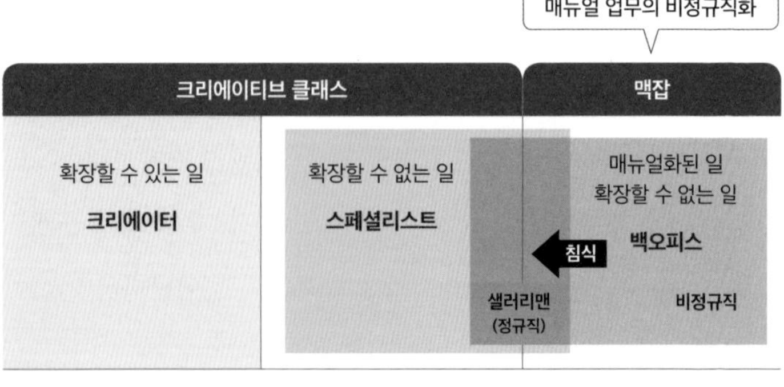

## 일본인은 회사를 끔찍이 싫어한다

일본적 고용 방식에 너무 부정적인 것 아니냐고 할지도 모르겠다. 그것은 냉정한 구미 회사에 비해 일본 회사가 사원에게 따뜻해 일본인(남성만이지만)은 행복하게 산다고 여겨졌기 때문이다. 이를 파괴한 것이 '신자유주의'와 '글로벌리즘'이다. 이런 '음모'가 우수한 일본적 고용 방식을 물거품으로 만들어버렸으니 국가권력(혹은 민중의 힘)으로 무찌르고 '사람들의 눈빛이 빛나던' 그 시대로 돌아가자고 역설하는 사람이 일본에는 여전히 많다.

그런데 과연 이 '신화'가 사실일까?

이 부분도《잔혹한 세상에서 살아남는 단 한 가지 방법》에서 설명했지만, '일본적 고용 방식은 일본인을 행복하게 했다'란 신화를 깨부수는 결정적인 데이터이므로 다시 한 번 소개하고자 한다.

일본 기업 연구의 권위자 고이케 가즈오(小池和男)는《일본 산업사회의 신화(日本産業社会の「神話」)》에서 1990년에 이루어진 미일 비교 조사, 전기연합(전 일본 전기·전자·정보 산업 노동조합 연합회-옮긴이)이 1988년부터 2000년까지 네 번에 걸쳐 실시한 14개국 비교 조사 등을 토대로, '신화'와는 정반대로 일본 샐러리맨이 회사에 극히 냉랭한 감정을 갖고 있다고 설명했다.

일례로 "지금 하는 일에 얼마나 만족하는가?"라는 질문에 만족한다고 대답한 사람이 미국은 34.0퍼센트, 일본은 그 절반인 17.8퍼센트였다. 만족하지 않는다고 대답한 사람은 미국이 4.5퍼센트인

데 비해 일본은 그 세 배인 15.9퍼센트였다.

"친구가 당신 회사에서 당신과 같은 일을 하고자 한다. 당신은 권하겠는가?"라는 질문에 그러겠다고 대답한 사람이 미국은 63.4퍼센트였지만, 일본은 불과 18.5퍼센트뿐이었다. 반대로 권하지 않겠다고 답한 사람은 미국이 11.3퍼센트, 일본이 27.6퍼센트였다.

"지금 당신이 아는 것을 입사 당시에 알았더라도 역시 같은 회사에서 지금 하는 이 일을 하겠는가?"라는 질문에 그러겠다고 답한 사람이 미국은 69.1퍼센트, 일본은 그 3분의 1에 불과한 23.3퍼센트였다.

"입사 당시 희망과 비교했을 때 지금 하는 일에 합격점을 줄 수 있겠는가?"라는 질문에는 합격이라고 답한 사람이 미국은 33.6퍼센트, 일본은 불과 5.2퍼센트였다. 불합격이라고 답한 사람은 미국은 14.0퍼센트, 일본은 62.5퍼센트가 넘었다.

악덕 기업이 만연하는 지금의 일본이라면 이런 결과는 그리 놀랍지 않다고 느낄 수도 있다. 그러나 이 조사는 "재팬 애즈 넘버원(Japan As Number One)"이라 일컬어지던 1980년대 후반부터 1990년대 초에 이르는 '일본이 가장 빛나던 시절'에 이루어졌다(도표 18).

"일본인은 일에 대한 기대치가 높기 때문"이라고 반론하는 사람이 있을지도 모르겠다. 하지만 이를 고려해도, 미국과 일본의 일에 대한 만족도는 너무나 격차가 크다. 여기서는 데이터를 제시하지 않았지만, 일본 샐러리맨이 미국 노동자보다 회사에 헌신하려는

도표 18 **일본인은 옛날부터 회사를 끔찍이 싫어했다**

[1980년대 후반부터 1990년대 초반의 미일 비교 조사]

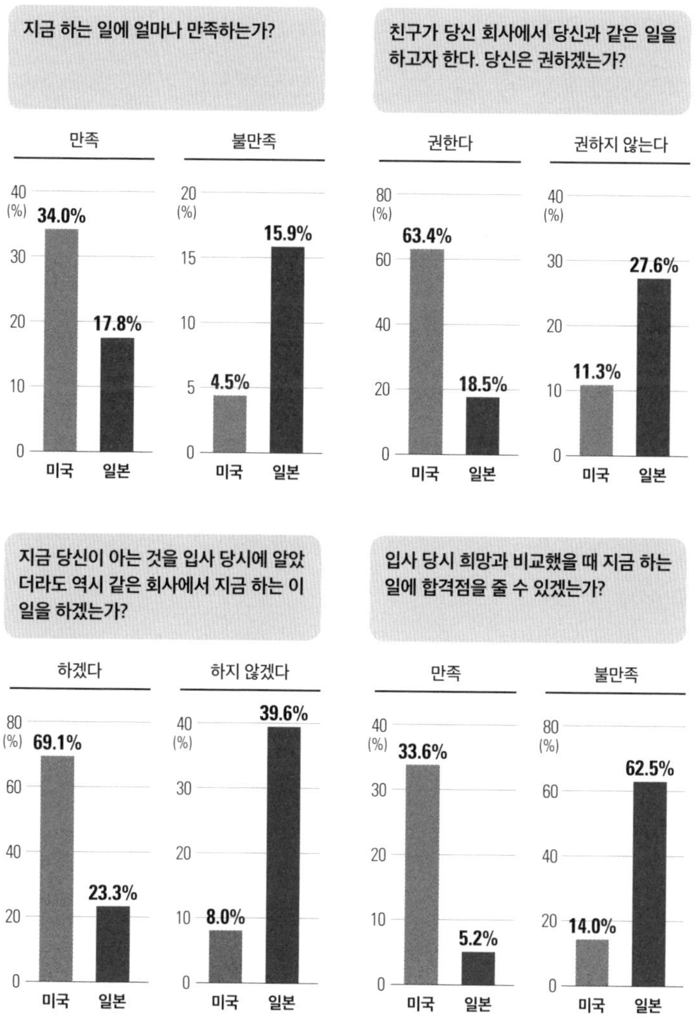


Lincoln, James R., & Arne L. Kalleberg [1990] Culture, Control, and Commitment A study of work organization and work attitudes in the United States and Japan Cambridge Univ. Press

고이케 가즈오, 《일본 산업사회의 신화》 기재 데이터를 토대로 작성

마음도, 애착도 없다는 조사 결과도 있다.

고이케는 일본이 미국보다 사내 경쟁이 살벌하기 때문이라고 그 이유를 설명했다. 미국형 인사 제도는 지위나 직급으로 명확하게 업무가 분담되는 데 반해 일본형 인사 제도는 상사, 부하, 동료의 평판을 얻지 않으면 출세하지 못하기 때문에 스트레스가 훨씬 심하고, 애매한 기준에 대한 불만도 높다. 오히려 그 가혹한 출세 게임이 일본 기업 경쟁력의 원천이라는 것이다.

그러나 이 '경쟁'은 시궁창과 같아서 지속적인 성장으로 일자리가 늘어나지 않으면 성립할 수 없다. 저성장하는 현재는 의자 뺏기 게임에서 의자가 하나둘 줄어드는 가운데 모두가 회사에 매달리려 하기 때문에 상황이 훨씬 악화됐다.

2000년대 들어 일본 샐러리맨은 더욱 회사가 싫어졌을 것이 틀림없다.

## 회사에 대한 신용도와 노동생산성, 선진국 중 최저

지금까지 '일본인(남성)은 회사에 강한 귀속 의식을 가지고 있다'고 여겨졌다. 하지만 최근 들어 회사에 대한 사원의 충성심을 나타내는 '직원 몰입도(employee-engagement)' 지수를 보면 선진국 중 일본이 가장 낮다. 샐러리맨 세 명 중 한 명이 "회사에 반감이 있다."거나, 일본인이 "세계에서 가장 자신이 일하는 회사를 신용하지 않는다."라는 부정적인 조사 결과가 잇달아 나왔다.

그런데 이는 생각해보면 당연하다. 대학을 갓 졸업하고 우연히 입사한 회사에서 '천직'을 찾을 가능성은 로또에 1등으로 당첨되는 것과 같다. 샐러리맨 대부분은 이윽고 로또가 꽝이라는 사실을 알아차린다.

최근 들어서야 겨우 지적되고 있지만, 일본 경제에서 가장 큰 문제는 노동생산성이 낮다는 것이다. OECD 34개국 중 21위, 선진 7개국 중에는 꼴찌다. 일본인은 과로사할 정도로 일하지만 노동자 한 명이 창출하는 부(부가가치)는 7만 2994달러로, 미국 노동자(11만 6817달러)의 70퍼센트에도 미치지 못한다(2014년). 이는 일본인의 능력이 미국인보다 30퍼센트나 부족하거나 '노동 방식'의 구조가 잘못됐다는 뜻이다.

정보사회화, 세계화에 적응하지 못하는 일본적 경영(고용)은 장시간(서비스 잔업으로) 일을 시켜도 전혀 돈을 벌지 못해 경영자는 부하를 무능하다고 매도하고, 사원은 회사를 증오하고, 국제사회는 '차별'이라고 비판한다. 결국 일본인의 인생은 점차 불행해질 따름으로 좋을 것이 하나 없다.

게다가 언론은 "정사원이 아니면 인생 끝난 것"이라는 거짓된 말로 젊은이를 을러대며 '사축예찬(社畜禮讚)' 풍조에 편승했다. 그 결과, 최저임금에도 미치지 못하는 돈으로 젊은 정사원에게 서비스 잔업을 시키는 '악덕 기업'이 속출했다.

일본에서는 회사에 종신 고용되어 안정된 생활을 누리는 대가로 회사에 대한 충성심이 요구됐다. 하지만 악덕 기업은 고용 의무를 외면한 채 멸사봉공(滅私奉公)만 강요한다.

악덕 기업은 노동 기준법 위반으로 혹독한 비판을 받았지만, '일류 기업' 역시 사원에 대한 대우나 복리 후생이 좋을 뿐 서비스 잔업과 장시간 노동이 일상이 된 현실은 보지 못한 척한다. 역병처럼 만연하는 악덕 기업은 예외적인 경우가 아니다. 저성장으로 고통스러운 일본 경제가 발견한 '경영 이노베이션'이며, 일본적 고용 방식의 뒤틀린 구조가 낳은 직계 자식이다.

행복에 대해 진지하게 생각하려면 먼저 '샐러리맨으로서의 인생'을 직시하지 않으면 안 된다.

## 그래도 젊은이는 '우대'받고 있다

오해 없기를 바라는 마음에서 말하자면, 일본 회사가 커다란 암 덩어리를 품고 있는 것은 분명한 사실이지만 지금 당장 사표를 내라거나 구직 활동을 그만두라고 말하고 싶지는 않다. 오히려 젊고 우수한 사람은 먼저 샐러리맨을 체험해보는 것도 나쁘지 않다고 생각한다. 왜냐하면 일본 회사(특히 대기업)가 이전에 비해 젊은이를 극진히 우대하기 때문이다.

그럼 "덴쓰 과로 자살 이야기는 뭐냐?"고 따지는 사람이 있을지도 모르겠다. 이것이 그 사건이 사회에 충격을 던진 또 다른 큰 이유다. 지금 대기업은 대졸 신입 사원에게 자살에 이르게 할 정도로 일을 시킬 수 없기 때문이다. 오히려 젊은 사원이 3년 안에 그만두면 상사에게 책임이 돌아가기 때문에 온갖 수단을 동원해 필사적으로 만류하는 실정이다.

어째서 이렇게 돼버렸는지는 저출산, 고령화 사회가 어떤지를 생각해보면 알 수 있다.

초고령 사회에서는 다수파인 고령자가 소수파인 젊은이를 다수의 힘으로 억압한다고 여겨진다. 민주정치는 다수결이라서, 정치가는 연금이나 건강보험을 비롯한 사회보장 분야에서 고령자의 기득권을 필사적으로 지키려 한다. 그런데 이것만 생각하면 또 다른 측면을 간과하게 된다. 바로 '많은 것은 가치가 낮고, 적은 것은 가치가 높은' 시장 원리다. 즉 초고령 사회에서는 (우수한) 젊은이의 희소성이 높아져 그 가치가 급등한다. 그리고 (비록 일부지만) 대기업에서는 실제로 이런 변화가 일어나고 있다.

일본적 고용 방식인 연공서열에서는 젊은이가 연장자 위로 올라가는 것을 상상할 수 없다. 이것이 우수한 젊은이의 승진을 가로막았다. 지금도 그렇기는 하지만, 사실 일본 회사는 다른 방법으로 이 규칙을 회피하고 있다. '자회사로의 전출'이다.

일본은 신분제 사회다. 모회사와 자회사 사이에도 엄밀히 신분이 정해져 있다. 때문에 모회사의 젊은 사원을 자회사로 전출시키면, 젊은 사원은 연공서열의 규칙을 무시하고 나이 많은 직원에게 상사로서 일을 시킬 수 있다. 또는 채산이 맞지 않는 부문이나 이익이 되지 않는 부문을 자회사로 분리시키고, 그곳으로 중장년 사원을 전출시킴으로써 젊은 사원에게 승진할 길을 마련해준다. 그 결과, 자회사가 오갈 데 없는 사원의 집합소가 되고, 원래 있던 사원과 (쓸모없는) 전출 사원이 대립하고, 여기에 모회사에서 온 젊은 엘리트 사원이 끼어드는 등 복잡기괴한 상황이 벌어지기도 한다.

이렇게까지 젊은 사원을 우대하는 것은 그들이 '귀하기' 때문이다. 20대인 데다 우수하다면 서로 데려가려고 해서 전직도 자유롭다. 회사가 이만큼 애쓰지 않으면 그들은 언제든 사표를 던질 것이다. 이렇게 해서 일본 회사도 젊은이에게 중요한 일을 맡기게 됐다. "일로 자아실현을 하려 해서는 안 된다."고 했지만, 전통적인 대기업에서도 자아실현(비슷한 것)을 체험할 수 있을 정도로는 변했다.

## 일본적 고용 방식의 장점과 말로

일본적 고용 방식의 장점이라면 대학 졸업 예정자를 대거 채용함으로써 젊은 층의 실업률을 낮춘다는 것이다.

구미의 고용 제도에서는 회사 경영이 좋지 않으면 노동자의 생활을 지키기 위해 근무 기간이 짧은 젊은이부터 일시해고한다. 경제가 성장해 해고를 웃도는 일자리가 생기면 그리 문제될 것은 없다. 하지만 저성장이 계속되면 젊은 층 실업률이 상승한다. 그 결과, 이탈리아나 스페인은 50퍼센트, 프랑스도 25퍼센트라는 놀라운 실업률을 기록했다. 젊은이 대부분이 아무런 직업도 경험하지 못한 채 늙어가는 사회는 지속되기 어렵다.

이에 비해 일본은 인구 감소로 일손이 부족하기도 해서, 대학을 나오면 거의 전원이 취직하는 좋은 환경이다.

이것이 내가 "젊은 시절에 샐러리맨을 체험해보는 것도 나쁘지 않다."고 생각하는 이유다. 대학에서 직업교육을 하지 않기 때문에 신입 사원 대부분은 자신의 직업적성을 모른 채 입사한다. 그런 상황에서 젊을 때 여러 가지 일을 시켜보는 일본식 OJT(On the Job Training)는 사실 '자아 찾기'에 꽤 괜찮은 방법이다. 물론 처음부터 하고 싶은 일이 있다면 벤처기업이나 중소기업에서 기술이나 지식을 연마하는 것이 훨씬 낫다.

문제는 일본식 회사의 인사 제도에서는 적성을 찾았는데도 자신과 맞지 않는 부서나 적성과 관계없는 자리로 옮겨진다는 데 있다. 이래서는 아무리 시간이 흘러도 프로페셔널이 될 수 없고, 경쟁자와 격차만 벌어질 뿐이다.

제너럴리스트로서 동기들이 일제히 피라미드의 정점을 향하는 일본 회사 조직에서 샐러리맨 대부분이 나이를 먹을수록 궁지에 몰리는 것은 불 보듯 뻔하다. 최근에는 이 시기도 빨라져서, 과거에는 "끝이 보이는 것은 50대 이후"였지만 요즘은 40대 초반 혹은 30대 후반에 이미 '선별'이 끝나기도 한다. 그렇다면 정년까지

20년 이상을 무엇 하나 전문성을 갖추지 못한 일개 샐러리맨으로 '줄에 묶여 전기 충격을 받아도 그저 견디기만 하는 무력한 개'처럼 성당 회사 생활을 버티지 않으면 안 된다.

이런 비참한 상황에 처하는 것은 인생 설계가 근본적으로 잘못됐기 때문이다.

35세를 넘어서면 인생에 대한 선택지가 급격히 줄어든다. 따라서 그 전에 자신의 인적 자본을 만들지 않으면 안 된다. 잔혹하게 들릴지 모르겠지만, 마흔을 넘겨 혹은 50대가 되고서 '샐러리맨으로서의 인생'에 의문을 가져도 더 이상 다른 선택지는 없다. 할 수 있는 일이란 필사적으로 회사에 매달려 무사히 정년을 맞아 퇴직금과 연금을 받기만 기도하는 것뿐이다.

하지만 그것조차 더 이상 행복한 노후를 보장해주지 않는다. 회사가 도산하면 후생연금은 큰 타격을 받고, 국가 재정이 파탄 나면 연금제도 자체가 붕괴된다. 게다가 일본인의 평균수명은 계속 늘어나, 지금은 100세가 넘어서도 건강한 사람이 드물지 않다.

의료가 발달해 건강 수명이 늘어나는 것은 좋은 일이다. 하지만 그와 동시에 60세 정년부터 40년간 인적 자본을 모조리 잃은 상태에서 오로지 연금에 의존해 살아가지 않으면 안 된다. 그런데 20세부터 60세까지 일해서 모은 돈으로 100세까지 40년간의 생활이 보장된다는 꿈같은 이야기가 과연 가능할까?

일본 회사의 '종신 고용'은 자세히 들여다보면 초장기로 고용하는 강제 해고 제도다. 퇴직금이란 정년 후의 일을 포기하는 대가라고도 할 수 있다.

노후 파산이란 위협을 받게 된 뒤에는 이미 되돌릴 수 없다. 그런 절망적인 미래를 피하기 위해서는 어떻게 하면 좋을지, 다음 꼭지에서 생각해보자.

# 004 온리원이면서 넘버원인 전략

미국 심리학자 안데르스 에릭슨(Anders Ericsson)은 베를린예술대학의 도움을 받아 바이올린을 전공하는 학생을 세 그룹으로 나눴다. 1그룹은 세계적인 솔리스트가 될 가능성이 있는 'S랭크', 2그룹은 상당히 우수하지만 슈퍼스타 정도는 아닌 'A랭크', 3그룹은 연주자를 포기하고 바이올린 교사를 목표로 하는 'B랭크' 학생들이다. 그들이 시간을 어떻게 쓰는지 조사한 결과, 에릭슨은 각 그룹마다 큰 차이가 있음을 알아냈다.

## 우수한 바이올리니스트는 개인 학습에서 판가름 난다

일반적으로 음악대학에 입학하는 나이인 18세까지 그들이 연습한 시간을 모두 합치니 S랭크가 총 7410시간으로,

A랭크 5301시간이나 B랭크(음악 전공자들의 평균) 3420시간보다 압도적으로 많았다. 이는 정상급 학생들이 가장 유혹이 많은 10대 시절에 혹독한 연습 일정을 유지해왔음을 보여준다.

이뿐이라면 당연하다고 생각하겠지만, 학생들이 지금 어떻게 연습하는지 조사하니 더욱 흥미로운 사실이 밝혀졌다. 세 그룹이 음악 활동으로 보내는 시간은 한 주에 50시간 이상으로 별 차이가 없었다(과제를 연습하는 시간도 거의 같았다). 하지만 상위 두 그룹은 그 시간 대부분을 개인 연습에 할애했다. 구체적으로는 한 주에 24.3시간, 하루 3.5시간이었다. B랭크 학생이 개인 연습을 하는 시간은 한 주에 9.3시간, 하루 1.3시간뿐이었고, 나머지 시간은 그룹으로 연습했다.

에릭슨의 질문에 대해 S랭크 학생들은 (집단으로 연주하는 사람도) 개인 연습이 진짜이고 그룹 연주는 '즐거움'이라고 했다(《1만 시간의 재발견(Peak)》).

이 실험 결과는 '그룹 학습보다 개인 학습이 효율적'이라고 해석되기 쉽다. 하지만 이는 인과관계가 거꾸로다. '실력자는 개인 학습을 좋아한다'고 봐야 한다. 혼자 매일 3시간이고 4시간이고 바이올린을 켤 수 있는 것은 단지 그것이 좋기 때문이다. 사람은 자신이 잘하는 것을 좋아하기 마련이다.

이제까지 나는 '하면 된다'가 아니라 '해도 안 된다'가 인간 본성이라고 거듭 말해왔다. 왜냐하면 사람은 '좋아하는 것에만 열중할 수 있기 때문'이다. 즉 싫어하는 것은 아무리 노력해도 능숙해지지 않는다.

속담 중에 “돌 위에서도 3년”이라는 말이 있지 않느냐며, 참고 견디면 복이 온다고 반론하는 사람도 있을 것이다. (최근에는 그다지 쓰이지 않는) 이 말도 같은 의미다. 3년씩이나 앉아 있을 수 있는 것은 ‘좋아하기’ 때문이다. 그렇지 않다면 어느 누구도 그런 고문을 견뎌낼 수 없을 것이다.

## 스페셜리스트가 되기 위해서는

우리는 오랜 진화의 역사 속에서 또래인 남자나 여자 라이벌과 자신을 ‘차별화’하는 프로그램을 정밀하게 다듬어왔다. 그룹 안에서의 이 역할을 ‘캐릭터’라고 한다. 왜 집단 안에서 캐릭터가 있어야만 할까? 그렇지 않으면 경쟁자를 제치고 이성을 얻어 자손을 남길 수 없기 때문이다.

우리가 이런 ‘캐릭터 항쟁’ 속에서 진화해온 후예인 점을 생각하면 ‘눈에 띄는 것’이나 ‘남에게 평가받는 것’을 갈망하는 것은 당연하다.

캐릭터를 눈에 띄게 하기 위해 어떤 프로그램이 유전자에 새겨져 있을까? 사실은 단 한 문장으로 표현할 수 있다.

**좋아하는 일에 모든 인적 자본을 투입한다.**

단지 이쁜이다.

공부든 운동이든 노래나 춤이든, 그것이 왜 좋아질까? 자신이 그것을 잘하고, 그것에 열중함으로써 한층 눈에 띌 수 있기 때문이다. 왜 잘하는가 하면 유전적 차이 때문이다. 일반적으로 생각하는 것보다 훨씬 작은 차이라도 상관없다. 대여섯 명으로 이루어진 그룹에서 가장 잘 달린다는 것만으로도 운동이 좋아지고, 노래를 조금 잘하는 정도로도 아이돌을 꿈꿀지 모른다. 그리고 이런 (유전적으로 타고난) 약간의 차이가 증폭돼, 사춘기 즈음에는 '좋아하는 것'이 명백히 갈리고 각자의 캐릭터가 고정된다. 우리는 이를 '인격'이라 부른다.

어째서 약간의 차이가 증폭되는 것일까? 바로 복잡계에서 말하는 나비효과(브라질에서 나비가 날갯짓하면 텍사스에 거센 회오리가 분다)인데, 우리가 '잘하는 것에 재미를 느끼게' 프로그램 돼 있다고 한다면 초깃값의 미세한 차이가 사춘기 즈음에는 또렷한 '개성'이 된다는 것을 번거롭게 설명할 필요는 없을 것이다. 이렇듯 좋아하는 것을 잘하게 되고, 다른 것은 아무리 해도 못한다.

그렇다면 우리가 자신에게 맞는 전문성을 획득하는 전략은 단 한 가지밖에 없다. 일 가운데서 자신이 좋아하는 것을 발견하고, 거기에 모든 시간과 에너지를 쏟아붓는 것이다. 왜냐하면 누구나 철들 무렵부터 그것만 해왔기 때문이다.

## 짚신벌레의 경쟁 전략을 배운다

애석하게 해산한 SMAP가 부른 〈세상에 단 하나뿐인 꽃(世界に一つだけの花)〉에는 이런 가사가 있다.

**넘버원이 되지 않아도 좋아.**

**처음부터 특별한 온리원.**

함축적인 가사로, '넘버원'과 '온리원'이 늘 대립하는 것은 아니다.

이를 생물의 세계로 바꿔 훌륭하게 설명한 이가 바로 생물학자 이나가키 히데히로(稲垣栄洋)(《이토록 아름다운 약자들(弱者の戰略)》의 저자)다.

저자는 책을 시작하면서 "생물 세계의 법칙으로는 넘버원밖에 살 수 없다."고 단언했다.

이는 짚신벌레와 애기짚신벌레, 이렇게 두 종류의 짚신벌레를 같은 수조에서 키움으로써 확인할 수 있다. 물이나 먹이가 풍부한데도 최종적으로 한 종류만 살아남고 다른 종류의 짚신벌레는 뒤처지고 줄어든다(도표 19).

이처럼 생물의 세계는 '약육강식'이다. 하지만 이것이 유일한 법칙은 아니다. 같은 실험에서 짚신벌레와 녹색짚신벌레는 한 수조 안에서 공존했다(도표 20).

어떻게 이런 차이가 생겼는가 하면 짚신벌레와 녹색짚신벌레는

**도표 19 생물의 세계에서는 넘버원밖에 살 수 없다**

가우스(Gause)의 실험. 물이나 먹이가 풍부한데도
애기짚신벌레만 살아남고, 짚신벌레는 쫓겨나고 만다.

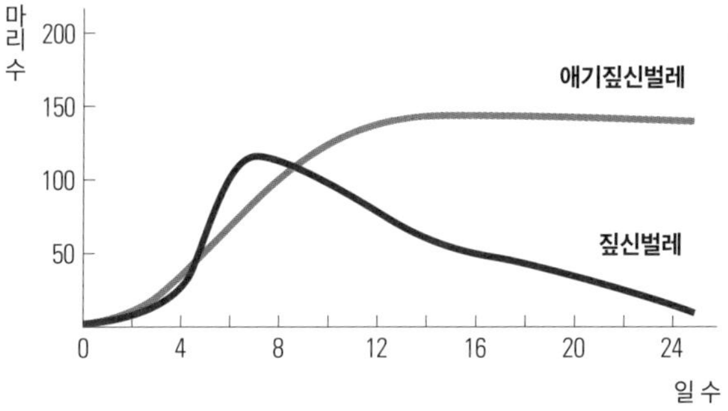


이나가키 히데히로, 《이토록 아름다운 약자들》 발췌

**도표 20 사는 장소가 다르면 공존할 수 있다**

마찬가지로 가우스의 실험. 짚신벌레와 녹색짚신벌레는 공존했다.
사는 장소와 먹이가 달랐기 때문이다.

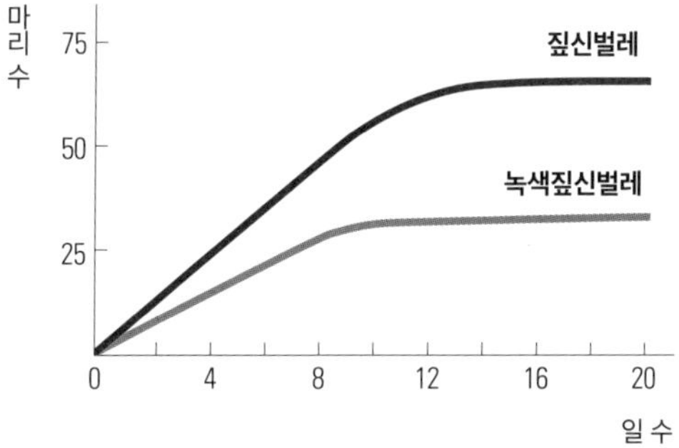


이나가키 히데히로, 《이토록 아름다운 약자들》 발췌

사는 장소도 먹이도 다르기 때문이다. 짚신벌레는 수조 위쪽에 있으면서 위쪽에 떠 있는 대장균을 먹고, 녹색짚신벌레는 수조 아래쪽에서 효모균을 먹는다.

이처럼 같은 수조 안에서도 사는 세계가 다르면 경쟁할 필요 없이 공존할 수 있다. 이를 생태학에서는 '서식처 격리'라고 하는데, '적합한 환경(niche)'이라고 하면 이해가 쉬울 것이다. 생물은 사는 장소를 '비켜남'으로써 경쟁을 회피해 자신만의 적합한 환경을 확보한다.

아프리카 사바나에는 다양한 초식동물이 있는데, 그들은 골육상쟁의 다툼을 벌이지 않는다.

얼룩말은 초원에서 풀을 뜯고, 기린은 높은 데 있는 나뭇잎을 먹는 식으로 먹는 장소를 나눈다. 물론 초원에서 풀을 먹는 동물은 얼룩말 말고도 많다. 그런데 그들 사이에서도 말 종류인 얼룩말은 풀 끄트머리를 뜯고, 소 종류인 누는 그 아래쪽 줄기나 잎사귀를 먹고, 사슴 종류인 톰슨가젤은 지면에 가까운 키가 낮은 부분을 먹는 등 교묘히 나뉘어 있다.

사바나에 있는 흰코뿔소와 검은코뿔소도 그렇다. 흰코뿔소가 큰 입으로 키 낮은 풀을 먹는 반면 검은코뿔소는 좁다란 입으로 키 큰 풀을 먹는다.

여기서 핵심은 '적합한 환경이 있다면 반드시 그곳을 채우는 자가 나타난다'는 것이다.

이것이 자연의 섭리라는 것은 오스트레일리아의 생태계를 보면 알 수 있다. 널리 알려져 있듯 유라시아 대륙(정확히는 곤드와나(Gondwana)대륙이라 불리는 큰 대륙)에서 분리된 오스트레일리아에서 포유류는 유대류(有袋類)의 선조밖에 없다. 때문에 유대류는 다른 포유류와 경쟁하는 일 없이 지그소 퍼즐의 공백을 메우듯 진화했다.

다른 대륙에서는 사슴 등이 차지하고 있는 대형 초식동물의 환경에 캥거루가 등장했다. 쥐에게 적합한 환경은 주머니쥐가, 날다람쥐에게 적합한 환경은 주머니하늘다람쥐가, 늑대 같은 육식동물에게 적합한 환경은 주머니늑대가, 두더쥐에게 적합한 환경은 남부주머니두더지가 메우고, 나무늘보에게 적합한 특수한 환경에서조차 코알라가 진화한다. 참고로 나무늘보는 철저하게 움직이지 않음으로써 동체 시력이 뛰어난 육식동물인 재규어에게서 몸을 숨기는 고도의 전략을 쓰고, 다른 초식동물이 눈길도 주지 않는 독이 있는 나뭇잎을 먹음으로써 먹이를 찾는 코스트를 낮추고, 에너지 소비를 한계까지 줄였다(댓잎을 먹는 판다도 같은 전략을 쓴다).

뭍이나 물에도 많은 생물이 있어, '자신만의 적합한 환경'을 찾아내기란 쉬운 일이 아니다. 그러자 소금쟁이처럼 물 위에 떠서 사는 전략을 쓰는 생물이 등장했다.

이처럼 자연계에서는 모든 생물이 온리원이자 넘버원이라고 이나가키는 말했다. 거꾸로 말하면 현존하는 생물은 (곤충이나 미생물을 포함해서) 오랜 진화의 역사 속에서 '자신만의 적합한 환경'을 찾아낸 것이고, 그렇지 못한 생물은 모두 사라졌다는 뜻이다.

## 약자의 세 가지 전략

자연계 생물의 전략은 비즈니스 전략을 생각하는 데도 큰 도움이 된다. 생물에 빗대 비즈니스를 말한다는 뜻이 아니다. 생물에게는 40억 년이라는 기나긴 진화의 역사가 있고, 그것은 동시에 '넘버원'을 둘러싼 격렬한 경쟁의 역사이기도 하다. 그리고 그러는 동안 인간의 지능으로 생각해낼 법한 '전략'은 모두 시도됐다.

예컨대 약자와 강자는 최적의 전략이 다르다.

'자신만의 적합한 환경'을 찾았다 해도 거기에 영원히 안주할 수 있는 것은 아니다. 강자는 약자와 싸우면 분명히 이기기에, 강자에게 최적의 전략은 약자가 개척한 적합한 환경으로 가 자신이 살 곳을 넓히는 것이다.

이를 비즈니스에 적용하면, 대기업이 시장을 키워가는 가장 손쉬운 방법은 중소기업을 모방해 그들이 개척한 새 시장을 빼앗는 것이다. 그렇다면 약자는 죽을 수밖에 없을까? 그렇지 않다. 그들에게는 살아남기 위한 '약자의 전략'이 있다.

이나가키는 이를 다음 세 가지로 정리했다.

① 작은 씨름판에서 승부한다.

강자는 물리적으로 너무 작은 곳은 침략할 수 없다. 약자는 이 점을 이용해 몸을 웅크림으로써 강자의 침입을 막을 수 있다. 곤충은 이 전략에 능숙하다. 비즈니스도 자영업이나 가족 경영으로 규모를 작게 함으로써 대기업이 접근할 수 없는 적합한 환경을 찾아낼 수 있을 것이다.

**② 복잡함을 내 편으로 만든다.**

전국시대(1467~1573년) 때 전투를 보면, 평지에서는 군사가 많은 쪽이 압도적으로 유리하다. 그래서 약자는 험난한 산이나 계곡에 성을 쌓고, 복잡한 지형을 이용해 역전의 기회를 노린다.

이는 '규칙이 간단한 게임은 강자에게 유리'하다는 의미이기도 하다.

리우데자네이루 올림픽 육상경기가 좋은 예다. 100미터 달리기에서는 일본 선수가 세계에서 가장 빠른 우사인 볼트(Usain Bolt)에게 명함도 내밀지 못했다. 그런데 배턴을 건네는 등 규칙이 복잡한 400미터 릴레이경기에서는 자메이카 팀과 막상막하로 실력을 겨뤘다.

이를 비즈니스에 적용하면, 대기업이 잘하는 대량생산은 적합하지 않고, 사양이 다른 상품을 작은 단위로 적절히 유통시키는 복잡한 시장을 노리는 전략을 생각할 수 있다.

**③ 변화를 선호한다.**

바로 앞에서 이야기한 복잡함은 지형(평면)이고, 여기서 말하는 것은 시간 축의 복잡함, 즉 예측의 어려움에 있다.

생물을 둘러싼 환경이 계속 안정돼 있다면 강자는 여러 가지 전략을 조합해 약자에게 적합한 환경을 시간을 들여 뺏을 수 있다. 변화가 없는 안정된 환경은 생물에게 살기 좋을 것 같지만, 그곳에 서식할 수 있는 생물의 수는 사실 얼마 되지 않는다. 바다, 땅, 하늘 등 거대한 공간이 안정돼 있으면 그곳에서는 넘버원이 된 강자밖에 생존할 수 없다.

미국 생태학자 코넬(Cornell)은 이를 '중간 교란설'로 제창했다. 이에 의하면 착란(변화)의 정도가 적을수록 서식할 수 있는 생물 종류가 적고, 변화가 극심할수록 종류는 늘어난다. 그러나 일정 역치(생물체가 자극에 대한 반응을 일으키는 데 필요한 최소한도 자극의 세

도표 21 **코넬의 중간 교란설**

변화가 적을 때(왼쪽)는 강자가 살아남고 생물 종류가 줄어든다.
한편 환경 변화가 큰 교란기(오른쪽)에도 서식할 수 있는 종류가 감소한다.

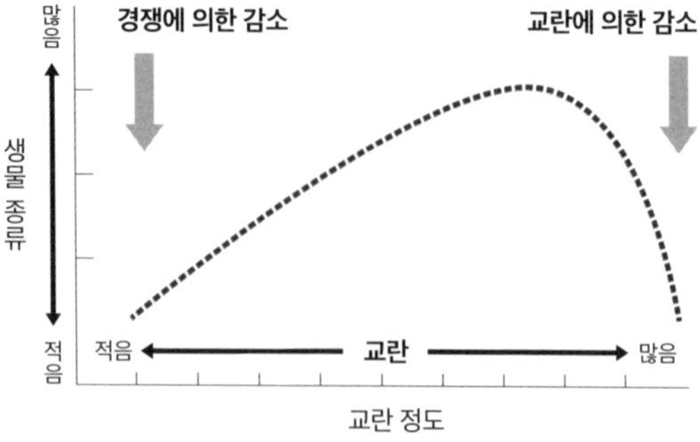


이나가키 히데히로, 《이토록 아름다운 약자들》 발췌

기를 나타내는 수치-옮긴이)를 넘으면 변화의 크기에 적응하지 못해 다시 생물 종류가 줄어든다(도표 21).

약자는 또한 개척자(pioneer)이기도 하다. 환경이 척박해 변화를 예측할 수 없는 만큼 경쟁자가 적기 때문이다.

선구식물(pioneer plant)은 땅이 단단하고 물이나 영양분이 부족한 환경에서도 자랄 수 있다. 선구식물이 뿌리를 내리면 땅이 잘게 부서지고, 공기와 수분을 머금게 된다. 또한 고사한 줄기와 잎은 분해돼 비료가 되고, 많은 곤충이나 미생물이 서식하면서 점차 비옥한 토지가 된다.

그런데 아이러니하게도 이런 변화로 인해 힘 있는 식물이 침입하고, 경쟁에 약한 선구식물은 쫓겨나고 만다. 이윽고 초록으로 뒤덮인 생물들의 낙원이 된 환경은 선구식물들이 살아가기에 적합하지 않다. 자연계에서는 누구도 기득권을 보호해주지 않는다.

이렇게 선구식물은 새로운 미개척지를 찾아, 씨앗을 바람에 실어 멀리 날려 보낸다.

그러나 이는 변화가 극심한 환경일수록 약자에게는 기회라는 것을 보여주는 것이기도 하다. 세상이 복잡해질수록 적합한 환경은 늘어난다. 비즈니스의 세계로 치면, 무일푼의 젊은이들이 자기 재능에만 의지해 IT 비즈니스에 도전하는 것이 그 전형이다. 둔중한 대기업은 급속한 과학기술의 진보에 적응하지 못하기에 그 틈새를 잘 이용해 이익을 올릴 기회를 발견하는 것이다.

## 회사는 왜 모든 것을 지배하지 않는가

여기까지 읽고 '회사를 그만두고 과감하게 독립할지, 아니면 이대로 샐러리맨으로 살아야 할지' 고민하는 사람도 있을 것이다. 이는 '집을 살지 세를 살지'처럼 인생에서 큰 결단을 필요로 하는 질문이다. 다른 까다로운 문제들처럼 명확한 정답은 없다. 그래도 경제학적인 사고방식을 통해 조언할 수는 있다.

세상에 왜 회사가 있는 걸까? 이 물음에는 이미 근대경제학의 시조 애덤 스미스(Adam Smith)가 명쾌한 답을 내놨다. 바로 '분업이 효율적'이기 때문이다.

혼자 자동차를 만들기 위해 철광석을 캐는 것부터 시작한다면 평생이 걸려도 장난감 자동차밖에 만들 수 없을 것이다. 그런데 오늘날 대규모 자동차 회사는 경이롭기까지 한 정교한 자동차를 연간 1000만 대나 만든다. 이 기적을 실현할 수 있는 것은 후방 산업(제철, 석유화학 등 소재 산업)부터 전방 산업(유통, 판매)에 이르기까지 여러 회사가 모여 분업의 연쇄가 만들어져 있기 때문이다.

우리가 사는 풍요로운 사회는 주식회사를 중심으로 한 고도의 분업 시스템으로 유지되고 있다. 여기까지는 쉽게 이해했다 해도 다음과 같은 의문이 들지는 않는가?

'그토록 회사가 효율적이라면 왜 큰 회사가 모든 일을 하지 않는 것일까?'

이 물음을 처음 떠올린 사람은 로널드 코스(Ronald Coase)다.

그는 영국의 노동자 가정에서 태어나 처음에는 역사학을 공부하려다가 라틴어 실력이 부족해 경제학을 전공했다. 그런데 수학이 서툰 탓에 포드(Ford)나 US스틸(United States Steel) 같은 미국 대기업의 조직을 연구했다. 즉, 동료 경제학자들이 얕잡아보던 분야(적합한 환경)에서 활로를 찾았다(그 결과, 1991년에 노벨 경제학상을 수상했다).

코스의 의문은 "조직은 어떻게 자신의 내부에서 그쳐야 할 것과 시장에서 거래해야 할 것을 결정하는가?"였다. 이에 대한 그의 답은 매우 간결했다. 바로 "효율을 최대화할 수 있는 쪽"이다.

## 조직의 거래 비용은 시장보다 크다

코스는 "조직에 의한 분업은 효율적이지만 그것이 늘 시장의 효율성을 웃도는 것은 아니"라고 말했다.

애덤 스미스의 '보이지 않는 손'이 지배하는 완벽한 세계에서는 시장가격에 근거한 거래에 비용이 발생하지 않는다. 이 이상적인 세계에서는 분업이 고도화될수록 효율성이 높아지기에 최종적으로는 SF 영화에서처럼 지구는 하나의 글로벌 기업(정부)이 통치하게 된다(생태학으로 말하면 '평탄하고 변화 없는 세계'다).

그러나 비즈니스맨이라면 누구나 알듯 실제로는 그리 간단하지 않다. 모든 거래에는 물건값 말고도 여러 비용이 보태지기 때문이다. 코스는 이를 '거래 비용'이라고 불렀다.

전형적인 거래 비용은 조직과 외부 공급자 사이에서 발생한다. 애플(Apple)이 아이폰 부품을 조달할 때는 계약서가 1000쪽에 이를 만큼 조달자와 공급자 쌍방에게 큰 부담이 된다. 자원의 가격 변동부터 제품 판매 추이까지 시장에는 불확실한 것이 너무 많기에 예기치 못한 사태가 벌어졌을 때 계약에 근거해 공정하게 처리하려면 매우 번거롭다.

코스는 회사 입장에서 봤을 때 시장에서의 거래 비용은 예상외로 비싸다고 말했다. 그렇다면 효율성을 최우선으로 하는 회사는 시장 거래를 가능한 한 내부화하려 할 것이다.

그런데 왜 애플은 제조 부문을 모두 외부화한 것일까? 그 이유는 오직 하나밖에 없다. 회사 조직 내부의 거래 비용이 시장 거래 이상으로 터무니없이 비싸기 때문이다.

코스의 혜안은 물리학의 마찰처럼 모든 거래에 비용이 발생한다고 생각하는 데 그치지 않았다. 거래 비용은 조직이 복잡해질수록 기하급수적으로 커진다. 제품 수와 종업원 수가 늘어나 자기 증식하는 회사는 결국 내부 거래 비용의 무게에 짓눌리고 만다.

코스가 이 내용을 영국 학술지 〈이코노미카(Economica)〉에 발표한 것은 1937년으로, 당시는 미국에서도 많은 경제학자가 '견식 있는 계획자(요컨대 경제학자)'가 국가를 하나의 기업체처럼 경영하는 소비에트의 계획경제에 매료돼 있었다. 그런데 코스의 '거래 비용 이론'은 냉전이 끝나기 반세기도 전에 거대해지고 복잡해진 소비에트 경제가 필연적으로 자멸하리라 정확히 예측했던 것이다.

## 대기업에서는 이노베이션이 싹틀 수 없다

현대는 정보사회이며, 기업이 생존하기 위해서는 이노베이션이 필수라고 여겨진다. 그러나 현실에서는 햄버거부터 유니클로 옷까지 온갖 서비스와 상품이 정형화돼 있다. 이런 현상도 코스의 '거래 비용 이론'으로 설명할 수 있다. 조직에게 표준화는 비용 감소, 주문 제작은 비용 증가를 초래한다.

코스에 따르면, 이윤 최대화를 목표로 하는 경영자는 이노베이션을 억압하고 모든 업무를 표준화하지 않으면 안 된다. 이를 철저히 실천한 것이 맥도날드로, 그 결과 지방의 작은 햄버거 체인점에서 세계적인 대기업으로 성장할 수 있었다.

효율화를 위해 이노베이션을 억제해야 하는 것은 기업만이 아니다. 군대도, 관료 조직도 마찬가지다. 전투가 벌어졌을 때 병사가 명령에 따르지 않고 멋대로 군다면 부대는 큰 혼란에 빠진다. 거대 조직은 구성원의 개성을 철저히 억누르고 로봇처럼 움직이게 해야 비로소 제대로 돌아간다.

아무 변화도 없는 구태의연한 조직은 이내 부패하고 만다. 시대 변화에 맞춰 새 제품이나 서비스를 개발하지 않으면 시장에서 퇴출당한다. 이렇게 조직은 이노베이션을 억압하면서도 실현해야만 하는 난감한 과제를 끌어안고 있다.

이 난해한 문제에 대한 단 하나의 답은 '통상적 조직 구조와 독립된 소그룹에 이노베이션을 맡기는 것'이다. 1943년, 록히드(Lockheed Corporation)는 '스컹크 워크(Skunk works)'라는 개발 팀을 만들어 큰 성공을 거둠으로써 주목을 받았다. 그러나 그 후 맥도날드를 비롯해 거대하고 복잡한 조직이 속속 스컹크 워크를 활용하게 되면서 '잘될 때도 있지만 실패할 때도 있다'는 따분한 결론에 이른다.

실패한 이유가 뭘까? 팀이 너무 자유분방하면 개발된 제품이 실제 시장에 전혀 맞지 않았다. 그러나 너무 고상한 아이디어는 새로운 비용 부문(cost center)을 만들 뿐이었다.

그래서 지금은 기업들이 R&D(연구 개발)를 마케팅이나 영업 부문과 연계시켜, 고객이 돈을 내고 살 제품으로 이어지도록 관리한다. 그러나 이것도 지나치면 이노베이션을 억압해, 영업 부문에 설명하기 쉬운 진부한 제품을 산처럼 개발하는 결과를 낳는다. 경영자나 임원이라면 누구나 알고 있듯이, 관리주의와 혁신성은 이율배반적인 관계로, 양립하기가 매우 어렵다(레이 피스먼(Ray Fisman), 팀 설리번(Tim Sullivan)의 《경제학자도 풀지 못한 조직의 비밀(The ORG)》).

## 아웃소싱 되는 이노베이션

거대 조직의 모순은 이노베이션과 보수의 관계에서도 발견된다.

획기적으로 이노베이션을 하기 위해서는 적극적으로 위험을 감당해야 한다. 블루오션(경쟁자가 없는 독점 시장)은 대부분 법률적, 도덕적, 재무적 등 다양한 이유에서 다른 회사들이 손대지 않는 적합한 환경에 있다.

이것이 일본 회사가 이노베이션 경쟁에서 뒤처지는 첫 번째 이유다. 획기적인 상품이나 서비스를 만들어내려면 실패할 가능성도 높아지는데, 고용 유동성이 없는 (성당인) 회사는 한 번 실패한 사원에게는 평생 승진할 기회를 주지 않는다.

두 번째 이유는 큰 위험을 짊어지고 이노베이션에 성공했다 해도 성과에 상응한 보수가 주어지지 않는다는 점이다. '정사원 상조 조직'인 일본 회사에서는 일부 사원에게 임원이나 사장의 연봉을 웃도는 높은 급료를 지불하지 못한다. 이런 모순은 LED 발명을 둘러싼 소송으로 분명해졌다(청색 LED를 개발한 나카무라 슈지(中村修二)는 노벨 물리학상까지 수상했으나, 회사가 보상금으로 고작 2만 엔만 지급하자 회사를 상대로 소송을 제기했다 - 옮긴이).

이처럼 일본적 고용 제도는 사원들에게 '위험을 짊어지는 것은 바보나 하는 짓'이란 강렬한 동기를 심는다. 일본 기업이 획기적으로 이노베이션을 하지 못하고 구미(실리콘밸리)의 꽁무니를 좇다가 결국 중국, 대만, 한국의 신흥 기업에 팔리는 씁쓸한 일을 겪는 것은 이런 이유 때문이다.

내가 생각하기에 이 문제의 해결책은 두 가지밖에 없다.

첫째는 경영자 자신이 큰 위험을 감당하고 이노베이션을 목표로 하는 것이다. 창업 경영자는 조직의 틀에 얽매이지 않고, 성공하면 엄청난 보수를 당당히 받는다. 일본에서도 그런 경영자가 몇 명 있다. 이는 구미도 마찬가지다. 애플, 구글, 페이스북처럼 성공한 IT 기업은 카리스마적인 창업 경영자가 의사 결정을 한다(과거 마이크로소프트도 마찬가지였다).

이 법칙이 옳다면, 카리스마가 사라지고 관료적으로 변한 기업에서는 이노베이션이 이루어질 수 없다. 특히 일본 회사에서 사장은 정사원 대표로, 사명은 가능한 한 큰 실수 없이 '사원 공동체'를 유지하는 것이기에 원리적으로 위험을 짊어질 리 없다.

그러나 이런 회사라도 이노베이션이 없으면 살아남을 수 없다. 이때의 선택지는 한 가지밖에 없다. 그것은 혁신을 아웃소싱(외주화) 하는 것이다.

그러면 위험을 감당하는 것은 외주 업체이고, 실수하면 알아서 문을 닫을 뿐이다. 반면 이노베이션에 성공하면 유리한 계약에 따라 성과를 얻으면 된다. 사원에 비해 터무니없이 높은 보수를 받는다 해도 사내 화합은 깨지지 않는다. 사원들의 관심은 동료와의 상대적 우열로, 외부인은 상관하지 않기 때문이다.

조직의 거래 비용을 극대화시킨 대기업은 이노베이션을 포기하고 벤처기업에 투자해 성과를 내면 매수하려 한다. 이런 일은 미국의 큰 IT 기업에서도 빈번하다. 조직이 관료적으로 변해 정형화된 사업 이외의 일을 하지 못하게 되면 위험을 아웃소싱 해 성장을 유지하려는 것은 일본도 미국도 같다. 이와 함께 벤처기업의 출구 전략(exit strategy)도 상장시켜 사업을 대기업에 매각하는 것으로 변했다.

게다가 일본 회사는 고유의 문제를 안고 있다. 획기적인 아이디어가 나오려면 문화적 배경이 다양한 멤버들끼리의 화학반응이 필요한데 일본 조직은 동질성이 매우 높다. 대기업 대표이사는 거의 일본인, 남성, 고령자, 일류대 출신이다. 발상이 같은 사람들만 모여서는 시장이 원하는 새로운 것을 만들어낼 수 없다.

이처럼 고도화하고 복잡해진 정보사회에서는 혁신적인 일의 대부분이 '외주화'된다.

## 프리 에이전트로의 길

이노베이션의 외주화는 과학기술뿐 아니라 콘텐츠도 마찬가지다.

음악도 영화도 광고도, 거래 비용이 큰 조직은 크리에이터(콘텐츠 프로바이더)를 끌어안지 못해 영업자와 브로커뿐인 집단으로 빠르게 변해간다. 그 결과, 콘텐츠를 가진 개인이나 회사의 발언권이 강해져 전문성이 높은 분야에서는 '코끼리의 꼬리가 몸통을 휘두르는' 일도 드물지 않다. 정보사회화에 의해 고도로 특수한 콘텐츠가 요구되면서, 과거에는 얼마든지 대체 가능했던 '하청'을 대체할 수 없게 된 것이다.

전문성을 가진 개인(프로페셔널)이 조직보다 우위에 서는 것이 정보사회의 필연이라면 어떻게 '수익의 최대화'와 '자아실현'이 양립할 수 있을까?

여기서 그 기본 전략을 정리해보자.

**① 좋아하는 것에 모든 인적 자본을 투입한다.**

**② 좋아하는 것을 현금화할 수 있는 적합한 환경을 발견한다.**

**③ 관료적으로 변한 조직과의 거래에서 수익을 얻는다.**

이는 공리공론이 아니다. 일본에서도 우수한 젊은이가 20대에 회사를 세워 게임이나 어플리케이션을 개발하는 일이 드물지 않다. 그들이 어째서 이런 길을 택하는가 하면 가까이에서 성공 사례를 발견하기 때문이다.

물론 일본에서 실리콘밸리처럼 수천억 엔, 수조 엔에 이르는 빅비즈니스가 생기지는 않는다. 하지만 유명 대학 학생이라면 친구의 선배 정도 범위에서 "어플리케이션 회사를 세워 3년 만에 대기업에 5억 엔을 받고 매각했다."는 식의 이야기를 듣는다. 일본 시장은 글로벌 시장에 비하면 매우 작지만, 그래도 약간의 운과 재능이 있다면 젊어서 '억만장자'가 될 규모 정도는 된다.

당신이 아직 20대라면 반드시 35세까지는 시행착오를 겪으면서 자신의 전문성(좋아하는 일)을 살릴 수 있는 적합한 환경을 찾아내야 한다. 회사에서 전문성을 살릴 수 있는 운 좋은 극소수를 제외하면, 인생의 어느 시점에는 조직 밖으로 나가 지식이나 기술, 콘텐츠의 힘으로 큰 조직과 거래하는 '프리 에이전트'가 되는 것이 고도화하는 정보사회의 기본 전략일 것이다. 정년이라는 '강제 해고'에 의해 누구든 곧 회사에서 쫓겨날 운명이기 때문이다.

그리고 이것만이 정보사회화와 함께 시대의 큰 변화인 초고령화에 적응할 수 있는 전략이기도 하다. 프리 에이전트와 행복에 대해서는 4장에서 다시 생각해보자.

# 005 초고령 사회에서 살아남기

린다 그래튼(Lynda Gratton)과 앤드루 스콧(Andrew Scott)의 《100세 인생(The 100-Year Life)》이 화제가 됐던 것처럼, 100세까지 사는 사람이 드물지 않은 사회에서는 당연히 종래와 다른 전략이 필요하다. 그렇다고 해서 지금까지의 논쟁이 달라지지는 않는다. 나이가 몇 살이든 인생의 토대는 금융자산, 인적 자본, 사회 자본, 이 세 가지밖에 없기 때문이다.

## 우리는 몇 살까지 살까

표준적인 재무 이론에 의하면 노후 인생 설계에서 중요한 것은 자신의 평균여명을 아는 것이다. 일본인의 평균수명은 남성 80.79세, 여성 87.05세이지만, 그렇다고 이 연령까지의 계획을 세우면 된다는 의미는 아니다.

평균수명은 태어나자마자 죽은 아기까지 포함한 모든 일본인 수명의 평균이다. 50세라면 그 이전 사망률을 무시해도 되므로 당연히 평균수명보다 오래 산다. 이것이 바로 평균여명이다. 50세 남성은 32.39세, 여성은 38.13세가 평균적으로 인생에서 남은 시간이다. 물론 평균여명에 이르면 그것으로 끝이라는 뜻은 아니다. 남성은 80세, 여성은 85세라는 '천수'에 이르러도 다시금 8년 넘게 시간이 남는다(도표 22).

그렇다면 우리는 대체 몇 세까지의 계획을 세워둬야만 할까? 가령 50세 이후 5년간의 생존율을 살펴보자.

50세인 사람이 55세까지 살 확률은 남성 98.06퍼센트, 여성

도표 22 **50세 이후의 평균여명**

| 연령 | 남 | 여 |
|---|---|---|
| 50 | 32.39 | 38.13 |
| 55 | 27.89 | 33.45 |
| 60 | 23.55 | 28.83 |
| 65 | 19.46 | 24.31 |
| 70 | 15.64 | 19.92 |
| 75 | 12.09 | 15.71 |
| 80 | 8.89 | 11.79 |
| 85 | 6.31 | 8.40 |
| 90 | 4.38 | 5.70 |

후생노동성, '2015년 간이 생명표'

도표 23 **50세 이후 5년간 생존율**

| 연령 | 남 | 여 |
|---|---|---|
| 50 | 98.06 | 98.99 |
| 55 | 95.08 | 97.54 |
| 60 | 90.60 | 95.53 |
| 65 | 83.95 | 92.59 |
| 70 | 74.87 | 88.09 |
| 75 | 61.24 | 80.40 |
| 80 | 42.45 | 67.21 |
| 85 | 22.46 | 46.93 |
| 90 | 7.17 | 22.90 |
| 95 | 1.06 | 5.94 |
| 100~ | 0.03 | 0.41 |

후생노동성, '2012년 인구 동태 조사'를 토대로 계산

98.99퍼센트다. 오다 노부나가(織田信長, 전국시대의 무장으로 1534년에 태어나 1582년에 죽었다 - 옮긴이)는 "인생 50년"이라고 했다지만, 세계에서 손꼽히는 장수 사회가 된 일본에서는 50대에 죽음을 생각한들 무의미하다. 생존율이 90퍼센트 아래로 떨어지는 것은 남성 65세, 여성 70세를 넘어서다. 그 뒤로는 급속히 떨어져 남성 80세, 여성 85세에 절반 이하가 되고, 100세를 넘기면 거의 제로가 된다(도표 23). 우리는 나이를 먹어도 좀처럼 죽지 않는 것이다.

## '노후 문제'란 노후가 너무 길다는 것

이제 '노후란 뭔가'에 대해 정의해보자. 이는 매우 간단하다. 노후란 '인적 자본을 모두 잃은 상태'다.

우리가 부를 얻는 방법은 원리적으로 두 가지밖에 없다. 하나는 인적 자본을 노동시장에 투자하는 것, 즉 일해서 돈을 버는 것이다. 다른 하나는 금융자본을 금융시장에 투자하는 것, 즉 자산 운용이다. 샐러리맨 대부분은 정년을 맞으면 연금 말고는 정기적인 수입이 없고, 인적 자본도 제로가 되기 때문에 이후에는 금융시장에서 부를 얻는 수밖에 없다. 결국 노후에는 모두가 투자가다(그렇지만 그 투자 대부분은 연금이란 형태로 정부에게 아웃소싱을 준다).

여기서 중요한 것은 '노후는 자신의 의사에 따라 길어지기도 짧아지기도 한다'는 사실이다. 50대에 조기 퇴직하면 그만큼 노후가 길어지고 80세까지 현역으로 일하면 당연히 노후가 짧아진다.

긴 노후를 안정적으로 유지하기 위해서는 보다 많은 금융자산이 필요하다. 노후가 짧으면 그만큼 필요한 금융자산이 줄어든다.

노후 문제란 인적 자본을 잃고 난 뒤의 기간이 너무나 길다는 것이다. 그렇다면 노후의 경제적 불안을 해소하는 가장 간단한 방법은 노후를 짧게 만드는 것이다.

재무 설계사 중에는 "인생 100세 시대에 안심하고 노후를 보내기 위해서는 퇴직 때 저축이 적어도 5000만 엔 있어야 한다."면서 고위험 금융상품에 투자하라고 권하기도 한다. 그러나 60세 이후에도 그때까지 쌓은 지식이나 기능(전문화)으로 연 200만 엔이란 수입이 있고 80세까지 계속 일할 수 있다고 가정해보자. 그러면 (60세부터 80세까지) 20년간 수입은 4000만 엔이고, 노후는 (81세부터 100세까지) 20년으로 줄어든다.

이 단순한 예로 알 수 있듯 '평생 현역'이라면 노후 문제 자체가 사라진다. 부부가 인적 자본을 유지할 수 있다면 수입은 더 늘어날 테고 생활은 더욱 안정된다. 그렇게 생각하면 '평생 맞벌이'를 뛰어넘는 최강의 인생 설계는 없다.

건강 수명을 80세라고 해도 평생 현역이라면 20세부터 60년간 일하는 것이다. 그리고 어느 누구도 하기 싫은 일을 60년이나 할 수는 없다. 반대로 좋아하는 일이 명확하다면 그때까지의 경험이나 지식을 살려 정년 이후에 창업, '제2의 청춘'을 누릴 수도 있다. 설령 국가 재정이 파탄 나 연금을 받지 못하게 되더라도 인적 자본이 낳는 부로 생활을 유지할 수 있다.

인생 100세 시대의 인생 전략은 어떻게 인적 자본을 오래 유지하는가에 달렸다. 때문에 좋아하는 일을 업으로 삼는 것이 유일한 선택지다.

60대, 70대가 됐을 때 인적 자본을 유지할 수 있느냐 없느냐에 따라 초고령 사회의 격차는 더욱 벌어질 것이다. 우리는 좋아하는 일을 업으로 삼는 것 말고는 살아남을 수 없는 잔혹한 세계에 내던져졌다.

Capital theory of Happiness

Part 4

# 사회 자본, 진정한 행복의 비밀

# 001 친구가 있다는 것은 기적이자 축복

금융자산, 인적 자본과 나란히 인생 포트폴리오의 한 축을 이루는 것이 바로 사회 자본이다. 사회 자본은 인간관계, 즉 '유대'를 말하는데 금융자산은 물론 인적 자본보다도 수치화하기가 어렵다.

그러나 사회 자본은 매우 중요한 역할을 한다. 바로 행복이다.

**행복은 사회 자본에서만 얻을 수 있다.**

엄청난 부를 얻었다 해도 이를 아무도 모른다면 한낱 종잇조각(전자 데이터)일 뿐이다. 자아실현에 반드시 필요한 인적 자본 역시 회사나 사회에서의 높은 평가에 의존한다.

왜 유대감이 행복을 낳는 것일까? 이는 '오랜 진화 과정에서 인간이 그렇게 만들어졌기 때문'이라고밖에 할 수 없다.

아기가 우는 것은 '도움이 필요하다'고 어머니에게 보내는 메시지다. 문화적으로 습득한 것이 아니다. 배가 고프면 슬퍼져 소리를 지르고 눈물을 흘린다는 프로그램이 유전자에 각인돼 있는 것이다. 마찬가지로 분노나 기쁨 등 모든 감정의 기초에는 그렇게 행동하면 어떤 이익을 얻을 수 있다는 '진화론적 합리성'이 있다. 먹을 것을 빼앗기고도 화내지 않는 개체는 동료에게 아무래도 좋을 존재로 취급당해 결국 자손을 남길 수 없게 된다.

그렇다면 행복이라는 감정도 진화론적 합리성의 산물일 것이다. 철저히 사회적 동물인 사람은 가족이나 친구와 강한 유대감을 느끼고, 공동체에서 높은 평가를 받았을 때 행복감을 느끼는 프로그램을 갖고 태어난다.

그렇게 생각하면 행복해지는 방법은 이론적으로 매우 간단하다. 최적의 사회 자본을 인풋 해 가장 큰 행복감이 아웃풋 되는 인생을 설계하면 된다. 그러나 과연 그런 일이 가능할까?

이를 생각하기에 앞서 먼저 우리 사회에서의 '유대감'이 어떤지 살펴보자.

## 세 가지 세계

우리가 살고 있는 사회 공간은 평면적인 곳이 아니며, 인간관계에는 뚜렷한 농담(濃淡)이 존재한다. 이를 '애정 공간' '우정 공간' '화폐 공간'이라고 부르도록 하자. 이 중에서 애정 공간과 우정 공간은 '정치 공간'으로 한데 묶을 수 있다.

당연한 말이지만, 우리에게 가장 중요한 것은 가족이나 연인과의 관계로, 이것이 애정 공간이다. 애정 공간 주변에는 친한 친구와의 우정 공간이 있다.

우정 공간 주변에는 친구는 아니지만 그렇다고 생판 모르는 남도 아닌 인간관계가 있다. 선후배, 상사, 부하를 비롯한 인간관계가 그것으로, 예전 같으면 연하장을 주고받는 관계, 지금은 라인이나 페이스북에서의 '친구' 정도다. 여기까지 포함하는 것이 정치 공간이다.

친구가 모이는 학교에서의 집단 괴롭힘은 큰 사회문제다. 동기, 선후배로 이루어진 공동체인 회사에서도 상사의 횡포나 과로사, 과로 자살이 만연한다. 정치 공간은 목가적인 이상향이 아니라 '적과 아군'이 뒤섞인 살벌한 세계다.

이 정치 공간 너머로는 막연한 타인의 세계가 펼쳐져 있다. 매일 인사를 나누는 채소 가게 아저씨, 텔레비전으로 보는 시리아 난민이 있다. 우리는 가족이나 친구에 비해 그들을 거의 신경 쓰지 않는다.

그렇다고 해서 우리가 그들과 전혀 무관하게 살아가고 있는 것은 아니다. 지구는 시장으로 덮여 있고, 사람들은 화폐를 매개로 연결돼 있다. 당신이 시장에서 싸게 산 스웨터의 원단은 아프리카 공장에서 만들어졌을지도 모른다. 타인에 의해 구성되고 화폐로 연결된 세계가 화폐 공간이다.

애정 공간은 두 명에서 최대 다섯 명 정도의 작은 인간관계로, 반경 10미터 정도에 그친다. 그런데 이 작은 세계가 우리 인생의 가치 대부분을 차지한다. 인류는 태곳적부터 애정 공간에 대해서만 이야기해왔다. 소설도 영화도 음악도 너 나 할 것 없이 '사랑'을 다루는 것은 이 때문이다.

우정 공간은 최대 20~30명 정도로 반경 100미터 정도의 인간관계다. 지방의 마일드 양키들은 중·고등학교 동창으로 이루어진 이 일상적인 사이를 '고정 멤버'라 부른다.

정치 공간으로 범위를 넓히면 등장인물은 150명 정도까지 늘어난다. 이것이 보통 사람이 개인을 인식할 수 있는 한계다. 구석기 시대 사람은 가족, 혈족을 중심으로 한 부족 공동체에서 나고 자라 자식을 만들고 일생을 마쳤기에 그 이상의 인간을 '한 무리'로서 개별적으로 인식할 필요가 없었다. 이를 단숨에 '국가' 단위로 확장시킨 것이 근대 내셔널리즘이다.

한편 화폐 공간은 돈을 매개로 모두와 연결되기 때문에 원리적으로 그 범위는 무한대다. 가령 우주인이 지구에 찾아와 교역을 시작한다면 화폐 공간은 온 우주로 넓어질 것이다. 그런데 이 광대함에 비해 인생에서 화폐 공간이 차지하는 가치는 몹시 작다. 애정 공간이 80퍼센트라면 화폐 공간은 1퍼센트 남짓이다(나머지 19퍼센트는 우정 공간이다).

이처럼 애정 공간, 우정 공간, 화폐 공간은 그 크기와 가치가 지수함수적으로 역전돼 있다(도표 24).

도표 24 **인간관계의 주관과 객관**

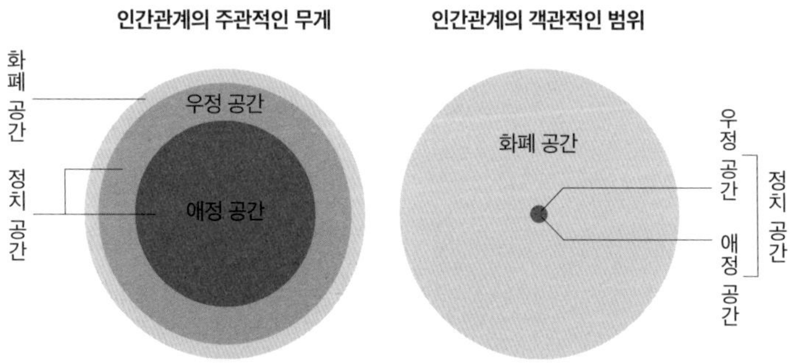


우리가 애정 공간에 매우 높은 가치를 두는 것은 그러도록 진화론적으로 최적화돼 있기 때문이다.

포유류나 영장류는 물론 물고기나 새도 자기 새끼만 특별히 여기고 다른 새끼는 무시한다. 가족을 희생시켜 타인을 돕는 박애주의적인 개체가 있었다 해도 도태 과정에서 아주 오래전에 절멸했을 것이다.

인간 사회는 친족 네트워크로 이루어져 있고, 가족의 자치를 널리 인정하고 있다(국가가 가정에 멋대로 개입하는 것이 금지돼 있다). 어려움에 빠진 사람을 내버려두고 가족의 행복을 우선하더라도 어느 누구도 비난하지 않는다. 이는 인류 사회에 공통하는 보편적인 규칙(인간 보편성)이다.

우정 공간이 중요한 것도 사람이 사회적 동물이기 때문이다. 수렵 채집 시대, 가혹한 자연환경 속에서 인류의 선조는 무리를 지어

몸을 지켰다. 무리에서의 추방은 곧 죽음이었다. 사람은 혼자서는 살아갈 수 없기 때문이다.

또래 집단에서 밀려나는 것에 아이가 본능적으로 강한 공포심을 느끼는 이유도 여기에 있다. 반항기에는 가정의 규칙보다 친구 집단을 우선시한다. 때문에 부모나 교사를 비롯한 어른들의 말을 듣지 않고, 억지로 듣게 하려고 하면 반항한다. 이는 구석기시대나, 그보다 훨씬 오래전인 원숭이에서 분화되지 않았을 무렵까지 거슬러 올라가는 숙명 같은 것이다(때문에 "너 친구 없지?"라는 말이 집단 괴롭힘에서 상투적으로 쓰이는 것이다). 요즘 애들은 반항기가 없다고들 하지만, 이는 아이가 변한 것이 아니라 부모의 분별력이 좋아져 친구 집단과의 관계에 개입하지 않기 때문일 것이다.

이에 비해 화폐 공간은 농경과 교역이 있고 나서 비로소 성립했기 때문에 그 역사가 1만 수천 년에 불과하다. 그래서 사람들은 화폐 공간에 아주 조금밖에 가치를 두지 않는다. 우리는 진화의 역사라는 무게 때문에 애정이나 우정(동료 의식) 등 오랜 인간관계에 비해 화폐를 매개로 하는 새로운 관계의 중요성을 제대로 인식하지 못하는 것이다.

## 우정의 핵심은 평등 체험

이제 일본 사회에서의 '친구'를 정의해보자. 이는 어쩌다 학교에서 같은 반이 되는 것처럼 우연히 맺어지는 인간관계를 말한다. 그러나 여기에는 엄밀한 규칙이 있다. 같은 학교라도 학년이 다르면 '친구'가 아니고(선배나 후배라 부른다), 중학교 '친구'와 고등학교 '친구'가 섞이지도 않는다.

지방의 마일드 양키는 빈곤한 금융자산과 인적 자본을 '고정 멤버'라는 사회 자본으로 보완한다. 그들이 절대로 지방을 벗어나지 않으려 하는 것은 함께하지 않으면 우정이 고갈된다는 사실을 잘 알기 때문이다. 친구란 시간뿐 아니라 공간적으로도 배타적인 인간관계다.

운 좋게 친구가 됐다 해도 학교가 달라지면 친구 관계는 처음으로 돌아간다. 사립학교에 가거나 대학에 진학해 그 지역을 벗어나면 지금까지의 우정은 사라진다. 다른 친구 관계는 서로를 배제하기 때문이다.

지구상에는 수십억 명이 있는데, 우리는 그 가운데서 한정적 조건을 충족한 사람하고만 친구가 될 수 있다. 가령 친구가 됐다 해도 이를 유지하는 것은 매우 어렵다. 친구가 있다는 것 자체가 하나의 기적이다.

그래서 40대를 넘어서면 친구들이 급속히 줄어든다. 나는 "친구가 한 명도 없다."고 고민하는 사람을 몇 명 안다. 그들은 지방에서 올라와 자영업자로 일한다. 친구 관계에서 완전히 벗어난 곳에서 생활하기에 친구가 없는 것은 당연하다. 따라서 성격에 문제가 있다거나 인생을 잘못 살았다며 고민할 필요가 없다. 만일 잘못된 것이 있다면 그것은 오히려 일본 사회일 것이다.

그럼에도 불구하고 나이가 들어서도 친구들에게 둘러싸여 지내는 사람이 있다. 학창 시절 동네 친구들과의 관계가 연장된 것이 아니라면, 그것은 아마 회사 동기들이거나 자녀를 매개로 한 엄마 동지들일 것이다. 왜냐하면 이것이 일본 도심부에 남은 몇 되지 않는 '우정 공간'이기 때문이다.

친구 관계의 중심에 있는 것은 뭘까? 한마디로 말한다면 '평등 체험'이다.

초등학교, 중학교, 고등학교 입학식을 마치고 처음 교실에 모였을 때 학생들은 평등하다. 물론 하나하나 들여다보면 부잣집 아이도 있고 가난한 집안 아이도 있고, 똑똑한 아이·귀여운 아이·부끄럼을 잘 타는 아이가 있을 것이다. 그러나 여기서 중요한 것은 학급이라는 새로운 공동체에서 어깨를 나란히 하고 있다는 주관적인 경험이다. 이것이 바로 평등 체험으로, 서로의 관계에 중심이 돼 '우정'이 성립한다.

그렇다면 회사 동기끼리 친구 의식을 갖는 것도 이상하지 않다. 일본 회사도 이를 잘 알기에 대졸 신입 사원을 일괄로 채용하는 데 집착하고, 경력 사원의 입사를 꺼리고, 동기로 계층화된 사원 공동체를 유지하려 애썼다.

이렇게 생각하면 회사에서 정사원과 비정규직의 '신분 차별'을 없애는 것이 얼마나 어려운지 알 수 있다. 신분이 다른 사람이 도중에 공동체에 들어오면 평등 체험이 성립하지 않고, 조직의 근간인 동기와의 친구 관계가 무너진다. 대기업이나 공무원 노동조합이 필사적으로 '고용 개혁'에 반대하고, 차별적인 일본적 고용 방식에 연연하는 것은 기득권을 지키기 위해서이기도 하지만, (본인이 의식하든 그렇지 않든) 친구를 잃고 싶지 않아서이기도 하다.

입사 당시의 평등 체험으로 동기와 친구가 되는 것은 충분히 이해할 수 있다. 그렇지만 엄마 동지들은 어떻게 친구 관계를 만들 수 있는 것일까? 말할 나위도 없이 엄마들은 나이도 생활도 직업도 서로 다르다.

그러나 그녀들 역시 평등 체험을 한다. 자녀들이 또래로, 같은 학교 같은 반에 있기 때문이다.

엄마 동지들의 특징은 서로를 각자의 이름으로 부르지 않고 "누구누구 엄마!"라고 아이의 이름으로 부른다는 점이다. 이는 그녀들 우정의 중심이 아이의 평등 체험에 있다는 사실을 잘 보여준다. 엄마 동지의 관계를 유지하기 위해서는 늘 아이를 참조하지 않으면 안 된다(반려동물을 통해서도 비슷한 친구 관계가 성립된다. 이 경우에도 서로를 "누구누구 엄마!"라고 부른다).

일본 도시에서 일반적인 핵가족 구성이었던 샐러리맨과 전업주부의 가정에서는 남편은 회사 공동체인 동기 친구 관계에 속하고, 아내는 아이와 함께 엄마 동지 관계에 속한다. 이는 한 집에 두 세대가 동거하는 것과 같아서, 남편이 지방이나 해외로 단신 부임하더라도 가정이 유지되는 데 전혀 문제가 없다.

## 시장 윤리와 통치 윤리

금융자산, 인적 자본, 사회 자본, 이 세 가지를 모두 가진 초충만형의 인생 포트폴리오는 이상적이지만 실현시킬 수는 없다고 했다. 여기서 그 이유를 정치 공간(애정 공간)과 화폐 공간의 대립으로 설명해보겠다.

우리는 무의식중에 돈을 더럽다고 생각한다. 그런데 왜 이런 기묘한 감정을 갖게 됐을까? 돈이 없으면 살아갈 수 없다는 것을 다들 잘 아는데 말이다.

그것은 돈이 애정이나 우정이라는 소중한 가치를 파괴하기 때문이다.

친구네 집에 초대를 받아 가서 선물 대신 현금을 건네면 친구는 깜짝 놀랄 것이다. 연인과 사랑을 나눈 뒤 3만 엔을 건네면 돌연 매춘이 돼버린다. 3만 엔짜리 반지를 선물하면 굉장히 기뻐하면서 말이다.

이는 사람들이 선물을 고르는 과정에 애정이 담긴다고 여기기 때문이다. 그래서 우리는 명절 선물을 보낼 때도 일부러 현금을 상품권으로 바꾼다. 의례적인 답례품일 뿐 애정과 아무 관계가 없는데도 우리는 굳이 현금을 상품권으로 바꾸는 불편을 택한다.

물론 우리가 현금을 거부하는 것은 아니다. 오히려 급료가 줄거나 연금이 바닥날까 봐 요란을 떤다. 이렇듯 돈을 원하지만 돈을 건네면 화를 낸다. 이는 우리 사회에 '애정이나 우정에 금전이 끼어들어서는 안 된다'는 암묵적인 규칙이 있기 때문이다.

새로운 관계라면 돈은 반드시 물건(선물)으로 바꿔야 하고, 아내가 집안일을 잘 해준다고 해서 고마운 마음의 표현을 현금으로 하지도 않는다(대신에 외식하자고 한다). 이를 좀 어렵게 설명하면, 우리는 무의식중에 정치 공간과 화폐 공간을 구별하고 정치 공간(애정이나 우정)에 화폐가 혼입되는 것을 피한다고 할 수 있다.

이 기묘한 풍습은 'priceless(값을 매길 수 없는)'와 'pliable(순응적인)'이라는 말로 설명할 수 있다.

'값을 매길 수 없다'는 것은 글자 그대로 아주아주 귀중해서 무엇과도 바꿀 수 없다는 뜻이다. 반면 '순응적'이라는 말은 화폐로 환산할 수 있다는 의미로, 상품이나 서비스에 가격표를 붙이는 것이 가능하다.

남자는 여자 친구와의 관계에 '값을 매길 수 없다'는 의미로 사랑을 나눈 뒤 애정이 담긴 반지를 선물한다. 그런데 현금 3만 엔을 건네면 사랑에 값을 매기는 것이기에 여자 친구를 '순응적인' 존재, 즉 매춘부로 만들어버린다. "너와의 섹스는 내게 3만 엔의 가치였다."고 말하는 것처럼.

이를 처음 지적한 이는 미국 사상가 제인 제이콥스(Jane Jacobs)다. 그녀는 이를 시장 윤리와 통치 윤리라는 이질적인 세계관의 대립이라고 생각했다(《생존 시스템(Systems of Survival)》).

제이콥스는 동서고금의 도덕률을 조사해 인류가 만든 두 종류의 상이한 윤리 체계를 끌어냈다. 그것이 바로 시장 윤리와 통치 윤리인데, 간단히 말하면 권력 게임과 돈벌이 게임 규칙이다.

권력 게임은 전국시대나《삼국지》의 세계로, 그 목적은 집단 안에서 1등이 되는 것(한 나라를 차지하는 것)과 다른 집단들 중에서 자기 집단을 최고로 만드는 것(천하 평정)이다. 물론 모두 승자가 될 수는 없는 법이니, 집단 안에서 어떻게 행동하는지도 중요하다. 이 권력 게임이 이루어지는 곳이 정치 공간이다.

이에 비해 돈벌이 게임의 목적은 주어진 조건 안에서 가장 효율적으로 화폐를 늘리는 것이다. 권력 게임은 승자 독식이 원칙이지만, 돈벌이 게임은 굳이 최고를 지향할 필요가 없다. 세계 제일의 부자가 되지 못하더라도 어느 정도 유복하게 살 수 있다면 다들 행복하다. 이 게임이 이루어지는 곳이 화폐 공간이다.

정치 공간에는 애정이나 우정뿐 아니라 질투, 증오, 배반, 복수 같은 탁한 감정이 소용돌이친다. 연애부터 전쟁에 이르기까지 인간 드라마의 모든 것은 정치 공간에서 전개된다.

이에 비해 화폐 공간은 돈을 매개로 한 커뮤니케이션이기 때문에 굉장히 평면적이다. 평소 장 보러 가는 야채 가게 아저씨에게 애정이나 증오를 느끼는 사람은 없다. 통신판매로 물건을 사는 경우에는 상대가 어떤 사람인지 눈곱만큼도 생각하지 않는다. 이런 냉담함이 있기에 화폐 공간은 무한히 확대된다.

## 살인은 정치 공간에서만 일어난다

전국시대를 배경으로 한 드라마들이 거듭 보여주듯 권력 게임의 규칙은 수단을 가리지 않고 정점에 서는 자가 옳다는 것이다. 여기서는 인질, 정략결혼, 배신 같은 권모술수가 두루 펼쳐진다. 그러나 한편에서는 친구와의 약속에 목숨을 걸거나 적을 존경하고 그 죽음에 눈물을 흘리기도 한다. 전국시대 무장은 일족을 사지로 내몰 수도 있다. 그런 까닭에 그저 마음에 들지 않는 정도로는 상대하지 않는다. 사람들을 통솔하려면 명예나 품격 같은 '인성'이 필수다.

정치 공간의 다른 특징은 계층구조를 가진다는 것이다. 일단 권력 게임이 끝나면 승자를 정점으로 하는 계급제도가 만들어지고, 이 계급사회 안에서 분수를 지킨다는 규칙이 생겨난다. 집안이나 관습으로 뒤얽힌 과거의 무사 세계가 그 전형이다.

권력 게임은 적과 아군을 가르는 것부터 시작한다. 아군을 늘리고 적을 없앰으로써 더 큰 권력을 얻을 수 있다. 독일 법학자 칼 슈미트(Carl Schmitt)는 정치의 본질을 "저 사람은 적이다. 적을 죽여라."라고 요약했지만, 정치 공간은 사람들을 열광시키고 전쟁으로 내모는 유혈이 낭자한 세계이기도 하다.

이에 비해 화폐 공간은 전혀 다른 규칙(시장 윤리)을 따른다.

복잡하기 그지없는 정치 공간(남녀나 부모 자식 간의 애증도 포함된다)에 비해 화폐 공간의 두드러진 특징은 간결함에 있다. 제인 제이콥스는 통치 윤리와 대립하는 시장 윤리로서 '정직' '계약 존중' '낯선 타인과의 협력'을 꼽았다.

통치 윤리가 명예와 위계를 존중하고 전통을 굳게 지키는 데 비해 시장 윤리는 협력에는 협력으로 보답하고, 외부 세계와도 적극적으로 교역하며, 상대와 오랜 신뢰를 쌓고, 권모술수를 피한다. 그리고 가장 중요한 것은 "경쟁해라. 그러나 죽이지 마라(폭력을 내몰라)."라는 윤리다. 시장이 무너지면 한 푼도 벌 수 없기 때문이다.

시장 게임을 '글로벌리즘'이니 '신자유주의'니 하며 혐오하는 사람이 많은데, 전쟁이나 내란 같은 '살인'이 일어나는 곳은 오히려 정치 공간이다. 화폐 공간은 원리적으로 폭력을 배제한다.

## 애정 속에서 살아가는 억만장자는 존재하지 않는다

정치 공간의 기본은 적을 죽이고 권력을 획득하는 냉혹한 파워 게임이다. 이에 비해 화폐 공간에서는 경쟁하면서도 계약을 존중하고 상대를 신뢰하는 완전히 다른 게임이 벌어진다. 인간 사회에 이처럼 서로 다른 게임이 있는 것은 부를 획득하는 방법이 ① 상대에게서 빼앗는 것(권력 게임)과 ② 교역하는 것(시장 게임), 이 두 가지이기 때문이다.

권력 게임과 시장 게임은 모두 사회를 이루는 중요한 시스템이다. 그런데 이들 규칙(윤리)이 뒤섞이면서 사회의 근간이 부패한다고 제이콥스는 경고했다.

무사도에게 청렴을 요구하는 것은 장유유서를 중시하고 조직의 규칙을 지키기 위해 시장 윤리를 배제할 필요가 있기 때문이다. 가신이 이익을 얻고자 다른 영지(領地)와 멋대로 교역을 시작한다면 영주를 정점으로 하는 통치 구조는 순식간에 무너지고 만다.

한편 시장 게임에 통치 윤리가 혼입돼도 사회는 혼란에 빠진다. 시장 윤리는 기업에게 어디까지나 고객에게 성실할 것을 요구한다. 그런데 권력 게임은 목적을 위해 수단을 가리지 않기 때문에 유통기한이 지난 케이크와 우유를 팔거나, 곰팡이 핀 묵은 쌀을 햅쌀에 섞어 팔아 이익을 얻는 것도 용납한다. 이러면 소비자의 신뢰를 잃고 시장경제는 그 기능을 잃고 만다.

그런데 현실에서는 정치 공간과 화폐 공간을 엄밀히 나누기가 어렵다. 시장을 관리하는 정부도, 시장 게임의 주역인 회사도 전형적인 정치 공간이기 때문이다.

권력을 쥐기 위해서는 돈이 들고, 돈을 벌기 위해서는 권력이 필요하다. 이처럼 어느 시대든 정치 공간과 화폐 공간은 상호 침투하고 그것에 의해 사회는 필연적으로 부패한다.

식민주의는 시장 게임과 권력 게임을 혼동해 생긴 최악의 형태다. 영국의 동인도회사는 원래 동아시아와 교역하려고 만든 상인 조직이었다. 그것이 지방 영주의 정쟁에 개입해 무력으로 영토를 확대하고, 급기야 인도 전체를 식민지로 만들어 현대사에 큰 상흔을 남겼다.

이처럼 개인의 인생에서도 금융자산(화폐 공간)과 사회 자본(정치 공간)은 원리적으로 양립될 수 없다. 부(금융자산)가 커지면 인간관계에 금전이 개입돼 우정이 깨진다. 지방에 사는 마일드 양키가 우정을 유지할 수 있는 이유는 모두가 평등하게 가난하기 때문이다.

이런 식으로 말하면 꿈을 깰지도 모르겠지만, 애정과 우정 속에서 살아가는 억만장자는 이야기에서나 존재할 뿐 현실에는 존재하지 않는다.

# 002 개인과 관계 지향인

사람이 사회적인 관계성 속에서 살아가고 있다고 해도 관계의 꼴은 문화마다 다르다. 여기서는 이를 깊이 있게 살펴보고자 한다. 키워드는 '개인'과 '관계 지향인'이다.

## 당신은 개인? 관계 지향인?

정의는 나중으로 미루고, 당신이 개인인지 관계 지향인인지를 간단한 테스트로 확인해보자.

1. 그림 1에서 A와 B 중 어느 쪽이 소의 친구로 더 어울리는가?
2. 그림 2에서 타깃인 일러스트에 가까운 것은 어느 그룹인가?

1번 질문에서 A를 택했다면 개인, B를 택했다면 관계 지향인이

그림 1 **소의 친구는 어느 쪽?**

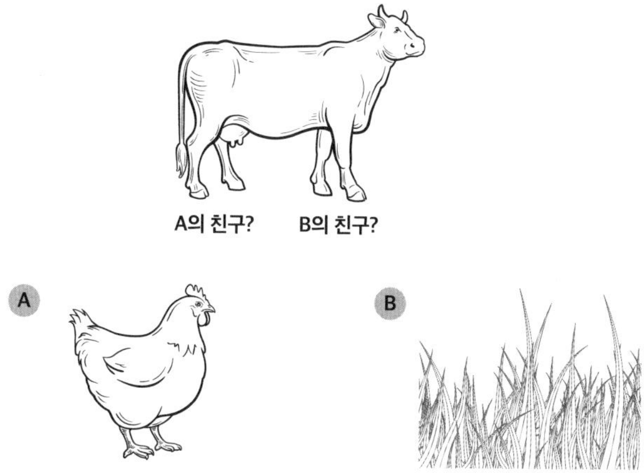


그림 2 **타깃과 비슷한 것은 어느 그룹?**

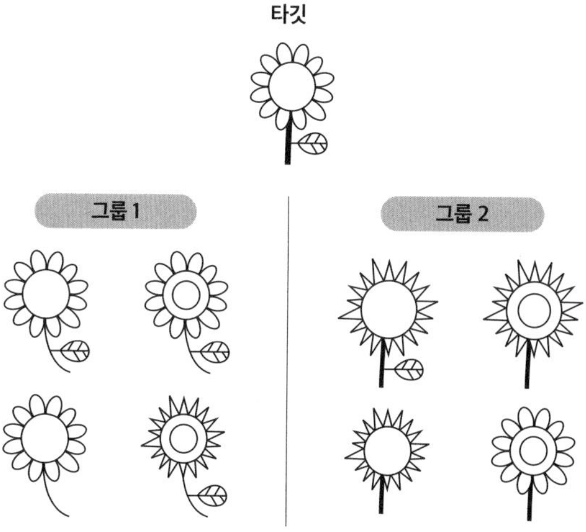


그림 1, 2 모두 리처드 E. 니스벳(Richard E. Nisbett), 《생각의 지도(The Geography of Thought)》에서 발췌

다. 2번 질문에서 그룹 1을 택했다면 관계 지향인이고, 그룹 2를 택했다면 개인이다. 당신은 어느 쪽인가?

미국 사회심리학자 리처드 E. 니스벳이 미국과 중국 아이들에게 1번 질문을 했을 때 미국 아이들은 소와 닭의 조합을 선택했고, 중국 아이들은 소와 풀을 짝지었다.

소와 닭을 한데 묶은 것은 분류학상 같은 동물이기 때문이다. 소와 풀의 조합은 소는 풀을 먹지만, 닭은 먹지 않기 때문이다. 즉 '분류'보다 양자의 '관계'를 중시한다.

니스벳은 한국인, 유럽계 미국인, 아시아계 미국인에게 2번 질문을 했다. 한국인 대다수는 타깃이 그룹 1에 가깝다고 대답했고, 유럽계 미국인 대다수는 그룹 2를 골랐다. 아시아계 미국인은 중간이었다.

그룹 1은 타깃과 '가족적 유사성'을 가진 것처럼 그려졌다. 타깃과 어렴풋이 비슷해 보이지만 모든 일러스트에 공통하는 규칙은 없다.

그룹 2는 타깃과 비슷하지 않지만, 명확한 규칙 하나가 있다. 곧은 줄기다.

니스벳은 다른 실험에서도 서양인이 이런 분류학적 규칙을 재빨리 찾아내는 경향이 있다는 사실을 밝혀냈다. 반면 동양인은 규칙을 적용해 사물을 카테고리로 분류하는 데는 서툴지만, 대신 부분과 전체의 관계나 의미의 공통성에 관심을 가졌다.

카테고리는 명사에 의해 나타나고, 사람이나 사물의 관계는 동사에 의해 명시적 혹은 암묵적으로 나타난다. 니스벳은 "서양인은 세계를 명사의 집합으로 생각하고, 동양인은 세계를 동사로 파악한다."는 가설을 제시했다(《생각의 지도》).

서양의 발달심리학에서는 아이가 동사보다 명사를 먼저 배우는 것을 당연시했다. 동사는 애매해 분류하기 어렵고, 의미를 전달하기 힘들기 때문이다. 그러나 지금은 동아시아 아이들이 명사와 같은 시기에 동사를 익힌다는 사실이 밝혀졌다(명사보다 더 이른 시기에 동사를 이해하는 아이도 있다).

이들 실험으로 명확해진 것은 서양인의 인지구조가 세계를 사물(개체)로 분류해가는 데 비해 동양인은 세계를 다양한 사건의 관계로 파악한다는 것이다. 이 세계 인식의 차이 때문에 서양인은 '개인'이나 '윤리'를 중시하고, 동양인은 '집단'이나 '인간관계'를 신경 쓴다. 즉 서양인은 '개인적'이고 동양인은 '관계 지향적'이다.

## 일본어에 혼란스러운 일본인

'개인'과 '관계 지향인'이라는 발상은 사회학자 하마구치 에슌(浜口恵俊)이 1980년대에 주장한 것으로, 개인주의인 서구와 관계 지향적인 일본을 대비해 일본의 특수성을 정력적으로 논했다(《관계 지향적인 사회 일본(間人主義の社会 日本)》).

'개인'은 영어로 'individual man'으로, 원래 의미는 '분할할 수 없는 자'다. 이는 근대사회가 '보편적 인권을 가진 시민'이라는 분할할 수 없는 단위를 기초로 성립한다는 점과 잘 대응한다. 이에 비해 '관계 지향인'은 영어로 'contextual man'으로 번역되는데, 이는 관계성(context)에 묻혀 있음을 잘 표현하고 있다. 개인은 '무엇과도 바꿀 수 없는 자신'이고, 관계 지향인은 '공동체 안의 자신'인 것이다.

일본 사회가 복잡한 문맥으로 이루어져 있다는 사실은 일본 프로 축구 리그인 J리그의 심판이 "일본어는 어렵다."고 한탄한 것을 보면 알 수 있다.

영어라면 상대가 메시(Messi)든 호날두(Ronaldo)든 "Step back!"이라는 말에 다들 공에서 물러난다. 그런데 일본어로 "물러나!"라고 하면 시비를 거는 것 같고, "물러나세요."라고 하면 부탁하는 것처럼 들린다. "물러나요."나 "물러나시오."가 가장 자주 쓰이는데, 그래도 '명령조'라고 느끼는 선수가 있을 것이다. J리그에서 뛰는 국제 주심은 영어를 쓰는 국제 시합과 달리 일본어로 봐야 하는 심판이 너무 까다롭다며 한숨짓는다.

도로 공사 때문에 교통정리를 할 때도 비슷한 상황이 벌어진다.

미국에서 운전해본 사람은 알 텐데, 교통정리를 하는 사람의 태도가 매우 거만하다. 억만장자가 운전하는 메르세데스가 와도 "Stop!" 또는 "Go!"라고 명령할 뿐 "Thank you."라는 말은 절대 하지 않는다.

그런데 일본 교통정리원은 옆에서 봐도 가여울 정도로 연신 허리를 굽실거린다. 운전석으로 달려와 "정말 죄송합니다만 잠시만 기다려주세요."라고 부탁하고 차를 보내면서는 "감사합니다."라고 인사하며 허리를 90도로 숙인다.

이런 극단적인 차이는 미국인은 거칠고 일본인은 정중하다는 국민성만으로는 설명되지 않는다.

미국의 교통정리원이 거만한 것은 그렇게 해도 운전자가 화내지 않기 때문이다. 일본의 교통정리원이 연신 굽실거리는 것은 명령조로 말하면 화내는 운전자가 있기 때문이다.

이런 차이는 책임과 권한에 대한 사고방식이 다르다는 점으로 설명할 수 있다.

미국인은 책임과 권한이 일대일로 대응한다고 생각한다. 교통정리원은 도로 안전을 확보할 책임을 짊어지고 그에 관한 큰 권한을 가진다. 따라서 운전자에게 거만하게 명령할 수 있다.

그에 비해 일본에서는 책임이나 권한이 애매해 운전자와 교통정리원의 관계가 '사람'과 '사람'으로 대등해져버린다. "멈춰!"라는 명령을 받으면 "뭐야, 그 말투는?"이라며 불같이 화내는 것은 자신이 얕보였다고 느끼기 때문이다.

그러나 이것만으로는 여전히 의문이 남는다.

축구 국제 시합에서 "Step back!"이라는 말을 듣고 화내는 일본인 선수는 없다. 미국에서 운전할 때 교통정리원이 "Stop!"이라고 말한다고 해서 불쾌감을 느끼는 일본인도 없을 것이다.

그렇다면 '내려다보는 시선'을 싫어하는 것은 책임과 권한의 규칙을 몰라서가 아니라 언어의 문제일지도 모른다.

일본어의 복잡한 존경어나 겸양어는 서로의 신분과 관계를 늘 신경 써야만 했던 시대의 산물이다. 그것이 신분 차이가 없는 현대에도 남아 있기에 명령형은 모든 인격을 부정하는 '내려다보는 시선'이 돼버렸다. 일본어는 수평적인 인간관계에는 적합하지 않은 것이다.

남녀노소를 불문하고 이상하게 정중한 말투가 범람하는 것은 인간관계의 맥락이 너무도 복잡하기에 일본인조차 일본어에 혼란을 느끼기 때문일 것이다.

## 일본화하는 미국인

구미인은 개인주의고, 일본인(아시아인)은 관계 지향적이라는 것은 매우 알기 쉬운 정의다. 그런데 이는 구미인과 아시아인이 태어날 때부터 갖게 된 차이일까?

이 의문에 니스벳은 명쾌하게 답을 제시했다.

사물을 명사로 보는지 동사로 보는지를 알아보는 앞의 질문을 아시아계 미국인(미국에서 나고 자란 아시아계 사람들)에게 해봤다. 조사 대부분에서 동양과 서양의 중간이 많았고, 일부 조사에서는 유럽계 미국인과 거의 같은 대답이 나왔다. 특히 일본인은 쉽게 영향을 받아, 어떤 연구에서는 미국에 2~3년 살았을 뿐인데도 사고

방식이 미국인과 거의 다르지 않았다. 서양인과 동양인은 분명 다르지만, 그 차이는 문화에서 오는 것이다.

이는 물이 반쯤 담긴 잔을 보고 "물이 반이나 있다."고 생각하는지 "물이 반밖에 없다."고 표현하는지의 차이라고도 할 수 있다. 양쪽 다 똑같은 것을 보지만 느끼는 방식은 문화에 따라 다르다.

미국에서 생활하는 일본인이 빠르게 개인주의에 순응한다면, 개인주의에 익숙한 미국인이나 영국인도 환경이 바뀌면 일본인처럼 관계 지향적인 행동을 하거나 그런 사고방식을 가지게 되지 않을까? 경영학자 오노 마사카즈(大野正和)는《눈빛에 관리되는 직장(まなざしに管理される職場)》에서 이 문제를 다뤘다. 매우 흥미로운 이야기로 여기서 자세히 소개하고자 한다.

오노는 일본 사회가 세계화의 거센 물살에 휘청거린 1990년대에 구미 기업에서는 제조업을 중심으로 급속히 '일본화'가 진행됐다고 했다.

두 번의 오일쇼크에 흔들린 1970년대, 구미 여러 나라들은 인플레이션과 경기후퇴가 동시에 일어나는 스태그플레이션으로 고통받았을 뿐 아니라, 경영자는 합법적이지 않은 파업이나 노동자의 상습적인 결근에 골머리를 앓았고, 알코올이나 약물 의존증이 큰 사회문제로 대두됐다. 반면 일본 경제는 오일쇼크를 딛고 일어나 안정된 사회와 높은 경제성장률을 유지했다. 그런 까닭에 구미 여러 나라들의 시선은 당연히 동양의 섬나라 일본에 집중됐다. 그런 가운데 1979년에 에즈라 보걸(Ezra Vogel)의《넘버원으로서의 일본(Japan as number one)》이 세계적인 베스트셀러가 되고 구미 기업에 일본적 경영이 도입되면서 일본화가 시작됐다.

일본적 경영을 철저히 연구한 구미 전문가들은 그 핵심에 팀워크와 동료의 압력(peer pressure)이 있음을 발견했다.

예컨대 1981년에 간행된《Z이론(Theory Z)》에서 일본계 미국인 경영자 윌리엄 G. 오치(William G. Ouchi)는 일본적 경영을 다음과 같이 설명했다.

> 우리가 가장 신경 쓰는 것은 친구, 동료가 자신을 어떻게 생각하는가다. 구성원끼리 친밀한 집단의 일원이 된 사람은 더 큰 영향을 받는다. 그 집단의 규범을 지키지 않으면 집단의 지원, 승인을 잃고 최종적으로는 집단에서 배제되기도 한다. 소집단과 긴밀한 관계를 맺고 있다고 여기는 사람에게 이는 실로 가혹한 벌이다.
>
> (중략)
>
> 일본의 기업 조직은 인생의 형성기에 있는 젊은이들을 받아들여 여러 다양한 집단에 소속시키고, 함께 일하는 동료에 대한 헌신을 주입한다. 이런 상황에서 중요한 것은 외적인 평가나 보수가 아니라, 최고의 동료(속일 수 없는 사람들)가 내리는 친밀하고 자상한 그리고 복잡한 평가다. 이 핵심에 있는 사실이 일본뿐 아니라 다른 나라의 조직을 성공시키는 기초가 된다.

## 미국에 번지고 있는 과로사

여기에 덧붙여 1982년 세계적인 베스트셀러가 된《초우량 기업의 조건(In Search of Excellence)》에서 톰 피터스(Tom Peters)와 로버트 워터맨(Robert Waterman)도 다음과 같이 동료의 압력 효과를 칭찬했다.

> 다나사(자동차 부품 회사, 주 거래사 데이나(Dana))에서 가장 강한 압력은 —우리가 조사한 다른 우량 기업에서와 마찬가지로— 동료의 압력이다. 1년에 두 번 매니저 100여 명이 모여서 닷새간 회의를 열고 자신이 이끄는 부서의 실적, 생산성 향상에 대해 발표하고 의견을 교환한다. 그들은 이것을 "지옥의 일주일"이라 부른다.
>
> 맥퍼슨(McPherson, 데이나의 CEO)은 이런 활동을 크게 권장한다. 왜냐하면 동료의 압력이 모든 성공의 열쇠라고 믿기 때문이다.
>
> "상사를 속이기는 쉽다. 나도 그래왔다. 그러나 동료의 눈은 속일 수 없다. 그들은 일을 잘 알고 있기 때문이다."

미국에서도 가정, 친목회, 가까운 이웃, 교회 같은 전통적인 공동체에서는 친밀한 인간관계가 당연한 것이었다. 그러나 노동 방식을 '경영과 노동의 대립'이라는 구도로 봤던 구미에서는 기업에서의 노동이란 보수를 대가로 한 경영자와의 계약 이행으로, 친밀함 같은 개인적인 감정을 일터에 가져와서는 안 된다고 생각했다.

이런 생각에서 '나는 내가 맡은 일을 한다. 다음 사람이나 다른 사람은 생각할 필요가 없다'는 개인주의적 업무관이 생겨난다. 그런데 여기에 '일할 때는 다음 담당자를 생각해야 한다'는 관계 지향적 업무관이 도입된 것이다.

도요타 시스템에서 배운, 철저한 재고 삭감을 꾀하는 간판 방식(필요할 때 필요한 부품만 확보하는 경영 방식-옮긴이)이나 노동자에 의한 자주적인 품질관리를 꾀하는 QC서클(품질관리를 현장에서 실행하는 종업원 소집단-옮긴이)을 도입한 구미 기업은 '노동자를 기계 부속물로 생각하는 종래의 노동 방식을 개선하고 소외된 노동을 극복하고 인간을 존중하는 직장을 지향한다'고 선언했다.

그 결과, 무슨 일이 일어났을까?

먼저 미국인의 노동 시간이 늘어났다. 각국의 노동 시간 통계는 일본에서 문제시되는 서비스 잔업(무급)을 어떻게 평가할지를 비롯해 간단히 비교할 수 없는 측면도 있다. 하지만 1990년대 후반 이후 미국의 노동 시간은 세계적으로 봤을 때 현저히 증가하는 양상을 띠었고, 장시간 노동으로 유명한 일본인의 노동 시간을 초월했다.

그 뒤를 이어 과로사가 미국에서 문제가 됐다. 2003년 미국 저널리스트 매튜 리즈(Matthew Rhys)는 "미국이야말로 과로사의 대국"이라며 다음과 같이 경종을 울렸다.

미국인은 1995년 세계에서 일을 가장 많이 하는 일본인의 노동 시간을 추월한 이래 과로로 목숨을 잃는 사람의 수마저 다른 국가를 앞서고 있다. 미국인은 매년 일본인보다 3주 반, 영국인보다 6주 반, 독일인보다 12주 반 더 일하고 있다. 동시에 업무 스트레스와 심장병은 거의 전염병 수준이다.

그럼에도 불구하고 가족을 과로로 잃은 미국인이 업무 스트레스와 심장 질환의 관계를 알아차리지 못하는 것은 그들이 천진하기 때문만은 아니다.

미국인은 수백 년 동안 소위 '청교도적 노동 윤리'를 주입받아 왔다. 오래도록 일하고 어려운 일에 맞서는 것이 개인이 죄를 면하고 천국에 이르는 길이라고 말이다. 그 극단적인 신조 때문에 유럽에서 쫓겨난 청교도들은 북미에 초기 식민지를 건설했다. 게다가 열심히 일하면 부를 축적할 수 있었다. 이를 행복이라고 쉽게 혼동하는 미국인에게 과로사는 일본인 이상으로 절박한 문제다.

## 일본적 경영으로 달라지는 미국 기업

이렇게 힘주어 말해도 세계화의 위협에 세뇌당한 일본인은 구미 기업이 '일본화'하고 있다는 사실을 믿기 어렵다. 그렇다면 일본적 경영이 도입되면서 개인주의에 익숙한 노동 현장이 어떻게 달라지고 있는지 그 구체적인 사례를 살펴보자.

미국의 ISE사(가명)는 전자 기기인 프린터 기판 등을 제조한다. 미국의 다른 기업과 마찬가지로 1980년대 초반, 경기 침체로 인한 수익 저하를 고민해온 경영진은 1988년부터 팀워크(일본적 경영) 노동 방식을 도입했다.

그 성과를 비즈니스스쿨에서 케이스 스터디로 다루고 싶다고 찾아온 미국 사회학자 제임스 바커(James Barker)에게 경영자는 공장 현장에서 노동자의 이야기를 직접 듣게 했다. 바커는 1990년부터 3년 동안 ISE사의 공장 현장을 참관하고 관찰해, 1999년《팀워크의 규칙(The Discipline of Teamwork)》이라는 책을 발행했다. 이는 미국인이 일본적 경영을 체험하면 어떻게 되는지에 대한 매우 흥미로운 기록이다.

먼저 신입 사원인 그레그가 기판을 잘못 달아 팀 리더 마샤에게 주의를 받는 장면이다.

> 마샤가 타이르는 투로 말했다. "이봐, 일을 시작한 지 얼마 되지 않아서 실수하는 건 이해하지만, 그래도 두 가지는 해줘야 해." 그녀는 손가락 두 개로 '두 가지'를 강조했다.
>
> "먼저 부품을 바르게 달 것. 시간이 걸리지만 곧 잘할 수 있을 거야. 그래도 가장 중요한 것은 스스로 자신이 한 일을 체크하는 거야. 그것은 모든 팀원이 하고 있는 일이기도 해.

한 사람, 한 사람이 자신이 한 일을 체크해. 그것이 우리가 일을 잘하는 이유이기도 하지. 그래서 우리는 그 일을 매우 중요하게 생각해. 엉망이 된 기판을 바로잡는 데는 더 많은 시간이 걸리니까. 알았어?" 그녀가 그레그를 얕보듯 말했다.

"알겠습니다. 지금 당장은 어렵겠지만 노력하겠습니다."

"그래. 이 팀에서 어떻게 일하면 되는지를 설명하는 거니까. 우리는 늘 자신이 한 일을 스스로 체크하고 있어. 모두가 서로의 일을 체크해. 그것을 기억해두라고."

다음은 아침 7시에 출근하기 어려운 싱글맘 샤론에 관한 사례다. 팀원들이 그녀의 사정에 동정적이어서 샤론은 아이가 병에 걸렸을 때 일주일 동안 쉰 적도 있다.

팀에는 30일이 지나면 출근 기록지의 지각 기록을 지우는 규칙이 있다. 샤론도 일정 기간이 지났기 때문에 지각한 기록 하나가 지워졌다. 그러자 그녀가 "이것으로 다시 한 번 지각할 수 있겠다."며 농담을 던졌다.

다음 날 아침, 샤론은 아이가 다시 병에 걸리는 바람에 지각했다. 그때 일어난 일을 바커는 이렇게 묘사했다.

지각한 샤론이 나타났을 때 팀은 ISE사의 옛 시스템에서 감독자가 했던 태도로 대했다. 팀은 그녀를 정면에서 몰아세웠다. 모두가 그녀의 지각에 기분 나쁘다는 것, 일손이 적어서 얼마나 어려운지를 분명히 전했다. 동료들의 비난을 받고 그녀는 울음을 터뜨렸다.

팀은 그녀의 상처를 치유하는 쪽으로 태도를 바꿨다. 그들은 그녀에게 상처 줄 마음이 없었고, 다만 샤론의 행동이 모두에게 얼마나 영향을 미치는지를 알리고 싶었던 것이다. 팀은 샤론에게 문제가 있을 때는 즉시 연락하도록 했다. 그리고 "우리 모두는 당신이 정말 잘해주길 바랍니다. 여기에는 당신이 필요합니다."라는 메시지를 전했다. 그 후 한 달 동안 샤론은 단 한 번도 지각하지 않았다.

어떤가? 이것이 개인주의의 대명사라 불리는 미국인의 행동이라는 것을 믿겠는가? 그러나 이는 미국의 지극히 평범한 제조업 현장에서 일어난 일이다.

## 사이비 종교의 세뇌?

일본적 경영을 적극적으로 도입한 결과, ISE사 노동자들은 자신들의 일에 대해 이렇게 말하게 됐다.

일하지 않은 사람이 있다면 어떻게 해야 할까? 누구에게 최종적인 책임이 있는가? 그것은 유감스럽게도 우리 모두이다. 물론 팀

전체가 그 사람에게 "당신이 맡은 일을 하라."고 말해야 한다. 그러나 어떤 사람이 나서서 "당신은 당신의 일을 하지 않았다. 모두 이 점을 문제 삼아야 한다."고 말하지 않으면 아무것도 개선되지 않는다. 일하지 않는 사람이 나쁜 사람이 돼버린다.

그를 단지 나쁜 사람으로 만들고 이렇게 말한다. "당신은 당신의 일을 게을리하고 있다. 당신이 잘해주길 바랐다. 당신 스스로는 좋은 일꾼이라고 생각하겠지만 그렇지 않다."

이를 받아들이지 못해 몇 달 일하고 그만둔 사람도 있다. 그들은 주위 사람들에게 책임을 떠넘기지를 못한다. 우리가 각자 하는 일을 감시할 필요가 있다는 사실이 그들에게는 부담이었던 것이다.

팀이 변할 때까지는 지각하거나 점심 식사 후 잠시 한눈을 파는 식의 행동을 책망하지 않았다. 그저 상사(boss)의 기분을 언짢게 하지 않는다면 문제 될 것이 없었다. 한 사람만 신경 쓰면 된다. 상사가 없으면 자유였다.

이렇게 해서 팀이 되면 자신의 자리를 지키며 상사의 안색을 살필 필요도 없고, 상사가 없으면 동료와 마음껏 수다를 떨 수도 있다.

그러나 팀원들이 자기 주변에 있다. 팀원 모두가 자신이 하는 일을 지켜본다. 이전과 다르지만 효과는 있다. 팀 동료를 화나게 만들어서는 안 된다. 모두가 내게 바라는 일을 하고 싶다.

이렇게 ISE사의 노동 현장은 서로 일을 체크하고 감시하는 단계에서 직접적인 감시나 질책, 비난 없이도 노동자가 스스로 일에 대한 책임을 지게 됐다. '처벌 없이도 죄의식을 느끼는' 심리가 일본적 경영의 이상적인 모습 중 하나다.

이는 리즈라는 팀원의 다음 말로 상징된다.

당신이 자신만을 위해 팀에 있어도 그것은 당신을 위한 것이 아니다. 자신의 개인적인 이익을 위한 것이라도 팀은 당신을 위한 것이 아니다. 왜냐하면 팀은 누군가에게 강제되는 것이 아니기 때문이다.

예컨대 내 남편처럼 옛날 방식으로 일하는 직장에 있는 사람은 우리가 왜 이런 방식으로 일하는지 이해하지 못한다. 왜 그런 방식을 도입했는지 이해하지 못한다. 그들에게는 미지의 세계다. 우리가 얼마나 헌신하는지조차 이해하지 못한다. 남편은 내게 전문가의 도움이 필요하다고 말한다.

"리즈, 당신을 이해할 수 없어. 당신 근무는 7시부터 3시 반까지잖아. 평소보다 늦어진다고 해도, 5시나 5시 반에는 퇴근해야 하잖아. 집에 오는 게 싫은 건 아니지? 타임카드를 찍는 게 싫은 거야?"

"첫째, 타임카드는 없어. 둘째, 그날 일이 잘되지 않은 거 같으면 퇴근할 마음이 생기지 않아."

그렇다. 한번 생각해보길 바란다. 남편과 결혼한 것처럼 우리는 이 직장과 결혼했다. 하루 중 집에 있는 것보다 긴 시간을 여기서 지낸다. 사람들은 이해하지 못한다. 일이 끝날 시간이 돼도 이런 직장에 있으면 돌아갈 마음이 생기지 않을 때가 있다. 지금 시간(오후 4시 반)에 라인에 가봐도 팀원 몇 명이 남아 있다. 해야만 하는 일이 잔뜩 있으니까 말이다. 퇴근 시간이 넘어도 개의치 않는다. 필요한 일을 하는 데 모두 필사적이다.

개인주의적인 미국의 옛 노동 방식으로 일하는 리즈의 남편은 아내가 정신적으로 병에 걸린 (혹은 사이비 종교에 세뇌당한) 것으로밖에 생각하지 않는다. 그런데 일본 직장에서는 이런 노동 방식이 너무도 당연하다.

이들 부부의 문제는 남편이 '개인'인 것에 반해 일본적 경영을 도입한 직장에서 일하게 된 아내가 '관계 지향인'이 돼버린 데 있다.

## 착취당하는 보람

이런 일본화를 두고 구미 사회학자들은 "스트레스에 의한 관리(management by stress)"라며 비판한다. 그럼에도 불구하고 구미 기업에서 이런 노동 관리가 급속히 보급된 데는 분명한 이유가 있다. 어떤 노동 현장에서는 일본적 경영 방법이 훨씬 생산성이 높기 때문이다.

일본화에 적합한 직장이란 ISE사 같은 제조업, 레스토랑, 판매 혹은 간호나 간병 현장 등으로 광범위하다. 이런 노동 현장에서는 처음에 업무 내용을 계약으로 정해두기보다 노동자가 스스로 판단해 그때그때 임기응변으로 (때로는 혼자서 몇 명의 역할을 해내면서) 대응하는 쪽이 일처리가 훨씬 순조롭다는 것을 조금만 생각해도 알 수 있다.

다음은 일본의 사례다.

편의점에서 일하는 대학생이 말하기를, 아르바이트생 모두 라인 그룹에 가입돼 있어, 아프거나 급한 용무가 생겨 근무 시간을 바꿔야 할 때 이곳을 통해 자주적으로 조정한다는 것이다.

"그건 매니저나 점장이 하는 일 아닌가요?"라고 물으니 "그렇기는 하지만 괜히 번거로워지니까요."라고 대답했다. 일본화의 본고장인 일본에서는 이제 아르바이트생까지 SNS로 '자주적인 관리'를 하고 있다.

유명 프랜차이즈 편의점에서 아르바이트하는 여고생이 감기로 이틀 결근했다는 이유로 급여 2만 4000엔에서 '벌금' 9350엔이 공제된 사실이 뒤늦게 알려졌다. 그러자 본사가 사죄하고 돈을 돌려줬다. 벌금을 낸 이유는 '대신 일해줄 사람을 미리 구하지 않았다'는 것이었다. 이 사건의 배경에는 '아르바이트생이라도 당연히 스스로 근무 시간을 조정해야 한다'는 상식이 틀림없이 있었을 것이다.

이런 식으로 생각하면, 지금 노동 현장에서 무슨 일이 일어나고 있는지 분명히 보인다.

인적 자본을 설명하면서, 정보사회의 일이 크리에이티브 클래스와 맥잡(백오피스)으로 양분화돼 있다고 설명했다.

크리에이터와 스페셜리스트가 있는 크리에이티브 클래스의 일은 '개인의 세계'로, 이는 세계 어디나 같다. 정보사회화와 과학기술의 진보로 크리에이티브 클래스는 큰 조직에 의존할 필요가 없어져, 더더욱 '개인'이 전면에 나서게 됐다.

한편 전문성을 필요로 하지 않는 맥잡의 일은 구미에서도 아무도 알아차리지 못하는 사이에 일본적 경영이 지배하는 '관계 지향인의 세계'가 되고 있다. 이는 일본인의 노동 방식이 세계 표준이 되고 있다는 의미이기도 하다. 왜냐하면 팀워크를 도입하면 종업원 만족도가 높고 노동생산성도 올라가기 때문이다.

'자신의 책임 범위에 있는 일만 하고 나중 일은 신경 쓰지 않는' 개인주의적 노동 방식에서는 일을 먹고살기 위한 필요악으로 여기며 자아실현이란 없다. 이에 비해 맥잡에 동료 의식을 부여하면 종업원은 의욕이 높아져 '행복'을 느끼게 된다. 그 대가로 '일본화'한 노동 현장은 곧 회사에게 '일하는 보람을 착취'당하게 되지만 말이다.

## 일본에서 느껴지는 폐색감의 정체

지금까지 일본 지식인들은 하나같이 '연공서열, 종신 고용이란 일본적 고용 제도가 일본인을 행복하게 했다'고 주장하며 글로벌리즘이나 신자유주의에 의한 '고용 파괴'를 신랄하게 매도했다. 이는 직장에서의 강한 유대감이 행복감을 가져온다는 것을 감안하면 터무니없는 이야기가 아니다.

그러나 현실을 보면 일본적 고용이 제공하는 '관계 지향인의 행복'은 장시간 노동, 과로사, 과로 자살과 짝을 짓는다. 때문에 일본뿐 아니라 선진국 대부분에서 관계 지향적 노동 방식을 꺼린다.

행복을 연구한 결과, '인생을 스스로 자유로이 결정하는' 것이 곧 행복감으로 이어진다는 사실이 밝혀졌다. 이것이 '자기 결정권'으로 인생이 자유로운 만큼 인생에 대한 만족감도 크다.

미국 정치학자 로널드 잉글하트(Ronald Inglehart)가 중심이 돼서 1980년대부터 5년마다 실시하는 세계 가치관 조사(World Values Survey)는 가장 신뢰할 수 있는 국제 비교 조사로 인정받는다. 이 조사에 "자신의 인생을 얼마나 자유로이 살아갈 수 있는가?"라는 항목이 있는데, 일본인이 57개국 중 최하위였다(2010년, 도표 25).

자유도는 "인생이 전혀 자유롭지 않다."를 1, "인생이 완벽하게 자유롭다."를 10으로 해서 수치화했다. 일본인의 인생에 대한 자유도를 시간순으로 봐도, 거품이 가장 심했던 1990년이 지금보다

도표 25 **'자신의 인생을 얼마나 자유로이 살아갈 수 있는가'의 국제 비교**

| 순위 | 나라 | 가중 평균 |
|---|---|---|
| 1 | 멕시코 | 8.44 |
| 2 | 트리니다드토바고 | 8.17 |
| 3 | 콜롬비아 | 8.16 |
| 4 | 쿠웨이트 | 7.96 |
| 5 | 카타르 | 7.95 |
| 6 | 루마니아 | 7.88 |
| 7 | 슬로베니아 | 7.88 |
| 8 | 에콰도르 | 7.86 |
| 9 | 오스트레일리아 | 7.81 |
| 10 | 뉴질랜드 | 7.80 |
| 11 | 우즈베키스탄 | 7.80 |
| 12 | 미국 | 7.76 |
| 13 | 우루과이 | 7.73 |
| 14 | 스웨덴 | 7.69 |
| 15 | 키프로스 | 7.57 |
| 16 | 타이 | 7.53 |
| 17 | 말레이시아 | 7.50 |
| 18 | 타이완 | 7.49 |
| 19 | 페루 | 7.47 |
| 20 | 가나 | 7.43 |
| 21 | 터키 | 7.41 |
| 22 | 아르헨티나 | 7.38 |
| 23 | 키르기스 | 7.38 |
| 24 | 필리핀 | 7.32 |
| 25 | 파키스탄 | 7.30 |
| 26 | 아제르바이잔 | 7.27 |
| 27 | 요르단 | 7.27 |
| 28 | 리비아 | 7.22 |
| 29 | 칠레 | 7.18 |

| 순위 | 나라 | 가중 평균 |
|---|---|---|
| 30 | 나이지리아 | 7.18 |
| 31 | 남아프리카공화국 | 7.18 |
| 32 | 중국 | 7.14 |
| 33 | 카자흐스탄 | 7.04 |
| 34 | 레바논 | 6.97 |
| 35 | 독일 | 6.97 |
| 36 | 스페인 | 6.95 |
| 37 | 네덜란드 | 6.90 |
| 38 | 바레인 | 6.88 |
| 39 | 인도 | 6.88 |
| 40 | 팔레스타인 | 6.86 |
| 41 | 르완다 | 6.85 |
| 42 | 싱가포르 | 6.78 |
| 43 | 한국 | 6.75 |
| 44 | 알제리 | 6.66 |
| 45 | 짐바브웨 | 6.66 |
| 46 | 폴란드 | 6.65 |
| 47 | 튀니지 | 6.64 |
| 48 | 우크라이나 | 6.55 |
| 49 | 이라크 | 6.53 |
| 50 | 예멘 | 6.40 |
| 51 | 아르메니아 | 6.36 |
| 52 | 에스토니아 | 6.31 |
| 53 | 이집트 | 6.29 |
| 54 | 벨라루스 | 6.20 |
| 55 | 모로코 | 6.18 |
| 56 | 러시아 | 5.91 |
| 57 | 일본 | 5.76 |

※ 이케다 겐이치 편저, 《일본인의 사고방식 세계인의 사고방식》 발췌

자유롭지는 않았다. 취업별 자유도에서 6점을 넘긴 것은 자영업자와 학생뿐이다. 정규 및 비정규 노동자, 무직은 물론 주부나 정년을 넘긴 고령자의 자유도도 샐러리맨보다 낮다(이케다 겐이치(池田謙一) 편저,《일본인의 사고방식 세계인의 사고방식(日本人の考え方 世界の人の考え方)》).

가치관 조사 데이터가 그 이유까지 밝히지는 않지만, 그 배경에 '대학을 졸업하고 때마침 입사한 회사에서 40년 넘게 갇히는' 일본적 고용 방식의 일그러진 구조가 있다는 것쯤은 쉽게 알 수 있다. 비정규 노동자에게는 자신의 처지가 불합리한 '신분 차별'로밖에 보이지 않고, 주부는 일자리를 잃고 가정이라는 성당에 갇힌 상태다. 정년 후까지 자유도가 낮은 것은 회사를 그만두면 그때까지의 인간관계에서 멀어져 사회 자본을 잃기 때문이다.

일본 사회는 집단적 관계 지향주의에 최적화돼, 거기서 '일하는 보람'을 얻는다. 회사에 멸사봉공하는 것을 '행복'으로 느끼는 샐러리맨의 감각이 그 전형이다.

그러나 자유화하는 세계에서 이런 '관계 지향인의 행복'은 케케묵은 것이 되었고, 자기 결정권을 가진 '개인의 행복'으로 가치관이 바뀌었다. 그럼에도 불구하고 일본 사회는 복잡한 환경에 둘러싸인 빈틈없는 정치 공간인 채로 '자유'로운 인생을 살아가지 못하고 구태의연한 '관계 지향인의 행복(성당 안에서의 보람)'을 강요당한다.

이것이 바로 샐러리맨이 회사를 증오하는 이유이며, 현대 일본에서 느껴지는 '폐색감'의 정체일 것이다.

행복을 손에 넣기 위해서는 거기서 어떻게 벗어날지를 생각해야만 한다. 하지만 여기에는 또 다른 큰 문제가 가로놓여 있다. 일본인이 불행한 것은 유전적인 것일지도 모른다는 사실이다.

## 003 우리는 더 행복해질 수 있다

우리는 너무도 자연스럽게 구미인과 일본인을 양극에 두고 생각한다. 하지만 사실 둘 사이에 차이는 없다. 단지 같은 것을 다른 각도로 바라보고 있을 뿐이었다. 이는 매우 흥미로운 의견이지만, 이야기는 여기서 다시 뒤집힌다. 일본인의 행복감은 유전적으로 구미인와 다르다는 가설이 등장한 것이다.

### 우울증과 세로토닌의 관계

세로토닌은 도파민과 더불어 중요한 뇌 내 신경전달물질로, 정신과학이나 뇌과학 분야에서 가장 활발하게 연구돼왔다. '해피 케미컬'이라 불리는 것에서 알 수 있듯 마음을 안정시키는 데 중요한 작용을 한다고 알려졌기 때문이다. 달리 말하면 세로토닌이 제 역할을 하지 못하면 불안증이나 우울증에 빠질 염려가 있다.

이 원리를 응용한 것이 현재 전 세계에서 널리 쓰이는 항우울제 SSRI(선택적 세로토닌 재흡수 억제제)로, 뇌에서 합성된 세로토닌이 뉴런에 흡수돼 분해되지 않도록 수용체 입구를 덮는 효과가 있다고 여겨진다(이것이 재흡수를 억제한다).

일본인이 우울증을 많이 겪는다는 사실은 널리 알려져 있다. 그 이유로 이제까지는 사회적·문화적 요인과 함께 일본인이 우울증에 걸리기 쉬운 병전(病前) 성격이라는 지적을 받아왔다. 이것이 '멜랑콜리 친화형 성격'으로, 1961년 독일 정신의학자 텔렌바흐(Hubert Tellenbach)가 제창한 것을 일본 정신과 의사들이 곧바로 받아들였다. 단순히 구미를 숭배해서가 아니었다. 텔렌바흐가 우울증으로 변하기 쉬운 멜랑콜리 기질로 예를 든 성실, 근면, 강한 책임감, 주위 시선 의식, 인간관계에 문제가 생기는 것을 꺼리는 병전 성격이 전형적인 일본인 그 자체였기 때문이다.

일본의 정신과 의사가 진료하는 우울증 환자는 거의 예외 없이 멜랑콜리 친화형 성격이었다. 분명히 말해 모든 일본인이 많든 적든 우울증으로 변하기 쉬운 기질을 갖고 있는 것이다. 이 때문에 "우울은 일본의 풍토병"이라고 주장하는 정신과 의사까지 등장했다(시바 신타로(芝伸太郎), 《일본인이라는 우울증(日本人という鬱病)》).

그런데 어째서 일본인의 성격은 우울증에 친화적일까? 그것은 "유전적으로 뇌 내 세로토닌이 적기 때문"이라는 것이 현대 뇌과학이 내놓은 답이다.

## 유전자로 미래를 안다?

세로토닌을 운반하는 유전자에는 S형과 L형이 있다. 이 두 가지 유전자가 조합돼 SS, SL, LL, 이렇게 세 가지 유전자형이 결정된다. 옥스퍼드대학 감정신경과학센터의 일레인 폭스(Elaine Fox)는 유전자형의 차이가 성격에 큰 영향을 미친다고 생각했다.

S형의 (짧은) 유전자는 세로토닌을 운반하는 능력이 떨어지고, L형의 (긴) 유전자는 운반 능력이 높다. 즉 LL형 운반 유전자를 가진 사람은 뇌 내 세로토닌 발현량이 많고, SL형이나 SS형은 적다.

폭스는 연인이 서로를 안아주는 긍정적인 그림과 여성이 뒤에서 꽉 잡힌 채 목에 칼이 겨눠진 부정적인 그림을 준비해 피험자에게 동시에 보여줬다. 그리고 이때 세로토닌 운반 유전자형에 따라 주의가 어느 쪽으로 향하는지를 조사했다. 그러자 LL형 유전자를 가진 사람은 긍정적인 그림에 쉽게 끌리고, SS형이나 SL형 유전자를 가진 사람은 부정적인 그림에 쉽게 주의가 향한다는 사실이 밝혀졌다.

이 실험 결과는 LL형 유전자를 가진 사람은 무슨 일에든 적극적이고 긍정적인 성격인 반면, SS형이나 SL형은 어두운 측면에 눈길이 가고 항상 움칫움칫 불안해하는 부정적인 성격이라는 것을 시사한다.

또한 세로토닌 운반 유전자형은 인종에 따라 크게 다르다는 사실도 밝혀졌다. 그 경향을 살펴보면 LL형은 아프리카인에게 많고, 백인과 아시아계에는 적었다. 여하튼 일본인은 S형 보유율이 구미인에 비해 50퍼센트나 많고, LL형 보유자는 3퍼센트로 세계에서 가장 적었다. 즉, 일본인의 97퍼센트는 SL형이나 SS형으로 뇌 내 세로토닌 발현량이 적어 부정적인 것에 강하게 끌리는 경향이 있다. 이것이 멜랑콜리 친화형 성격을 만들고, 우울이 일본 풍토병이 된 이유일지도 모른다.

여기까지만 보면 '일본인은 우울증 유전자를 갖고 있으니 체념하는 수밖에 없다'는 암울한 결론으로 끝날 것 같지만, 이야기는 아직 끝나지 않았다. 그러나 그 전에 세로토닌 운반 유전자가 어떻게 일하는지 일레인 폭스의 《즐거운 뇌 우울한 뇌(Rainy Brain, Sunny Brain)》를 살펴보자.

세로토닌 운반 유전자가 역경에 맞서는 마음의 강함과 약함에 관계하지 않는지 연구자가 주목하기 시작한 것은 21세기 들어서다. 먼저 런던 정신의학연구소의 팀이 이 유전자가 스트레스 내성에 관여하는지를 검증했다.

연구 팀이 주목한 것은 뉴질랜드 더니든에서 이루어진 '아이의 건강과 발달에 관한 장기 추적 연구'라는 대규모 조사였다. 연구 대상은 3세 유아 847명으로, 이후 23년 동안 (참가자가 26세가 될 때까지) 정기적으로 청취 조사와 테스트를 하고, 마지막 5년간(참가자가 21세일 때부터 26세가 될 때까지)은 각자 경험한 일 중 스트레스가 심했던 사건에 대해 세심한 조사가 이루어졌다. 이 조사의 특징은 참가자의 유전자형이 기록돼 있다는 점이었다.

조사 과정에서는 사랑하는 사람을 잃거나 중병에 걸렸거나 실연했거나 하는 개인적인 일들이 모두 기록돼, 26세를 기준으로 과거에 심각한 우울을 경험한 적이 있는지 면밀한 심사가 이루어졌다. 임상 조치가 필요한 우울증이라고 진단받은 참가자는 모두 147명(17.4퍼센트)이었다.

그렇다면 유전자형과 우울증은 관계가 있었을까?

연구 팀은 먼저 "큰 스트레스를 경험한 적이 없다."고 답한 참가자를 비교해봤다. 이 조건에서는 우울증 진단을 받을 확률이 SS형과 LL형이 같았다. 즉 SS형 유전자를 갖고 있다고 해서 그것만으로 우울증이 되지는 않는다.

그런데 참가자가 얼마나 큰 스트레스를 경험했는지 고려하면 전혀 다른 구도가 부각된다. "큰 스트레스를 네 번 이상 경험했다."고 답한 사람들 중 세로토닌 운반 유전자 발현량이 낮은 SS형과 SL형은 우울증 진단을 받을 확률이 43퍼센트까지 올라갔는데, 발현량이 높은 LL형은 그 절반에 그쳤다.

연구 팀은 이 결과에 대해 "말라리아가 없는 지역에 사는 사람만 조사해서는 말라리아에 약한 유전자를 발견하기 어렵다."고 설명했다. SS형이나 SL형 유전자는 강한 스트레스를 받으면 유해한 결과를 끌어내는 것이다.

연구 팀은 또 세로토닌 운반 유전자가 SS형 또는 SL형인 피험자 14명과 LL형인 피험자 14명에게 다양한 표정의 얼굴 사진을 차례

대로 보여주고 뇌 스캐너로 관찰했다. 공포에 강하게 반응하는 뇌 부위는 편도체인데, 예상대로 SS형이나 SL형 피험자는 무서워하는 표정의 얼굴 사진에 강하게 반응했다. 그들은 공포나 불안에 강한 영향을 받았다.

세로토닌 운반 유전자의 효과는 다른 실험에서도 확인됐다.

참가자에게 소액을 주고, 각자의 의사에 따라 투자하도록 했다. 투자 선택지에는 고위험 고수익(위험)과 저위험 저수익(안전)이 준비됐고, 선택한 금융 상품의 실적에 따라 배당을 받았다.

이 실험에서 세로토닌 운반 유전자의 발현량이 낮은 SS형은 고위험 금융상품에 투자하는 비율이 평균보다 28퍼센트나 낮았다. 한편 뇌 내 도파민 분비에 관여하는 도파민 수용체 D4 유전자가 긴 사람은 대조군에 비해 위험을 무릅써서라도 수익을 올리려는 비율이 25퍼센트나 높았다. 투자 태도, 나아가 인생의 중요한 기로에서 어떤 선택을 할지는 유전자에 따라 상당 부분 예측할 수 있는 것이다.

## 우울증에 빠지기 쉬운 사람이 가장 낙천적?

여기까지는 반론의 여지가 없는 듯하다. 그래도 여전히 의문은 남는다. 진화 과정에서 L형 유전자가 앞서 생겼고(그래서 아프리카인에게 많다) 그 후에 S형 유전자가 등장했다는 종래의 가설에 따르면 사람은 우울증에 걸리도록 진화했다는 말이 된다.

이 의문을 일레인 폭스도 갖고 있었다. 왜냐하면 가장 낙천적인 사람 중에서 SL형이나 그와 유사한 유전자형이 발견됐기 때문이다. 낙천적인 뇌인지 비관적인 뇌인지가 유전적으로 결정돼 있다면 이런 일은 일어나지 않을 것이다.

학생의 낙천성 정도를 조사한 폭스는 이제까지와 전혀 다른 결과에 당황했다. SL형(실제로는 다른 유전자형이지만 비슷한 효과를 가져 여기서는 간단히 SL형으로 통일한다) 유전자를 가진 학생이 LL형 유전자를 가진 학생보다 오히려 낙관적인 경향이 강했다. 게다가 놀랍게도 전체 중 가장 낙관적인 경향이 강한 학생이 SS형 유전자를 가지고 있었다.

앞서 말했듯 SS형이 스트레스를 받으면 우울 상태가 되기 쉬운 취약성을 가졌다고 많은 실험에서 확인했다. 그런데 바로 그 SS형이 가장 낙관적이라니. 어째서 이런 모순된 결과가 나왔을까?

폭스는 다음 실험을 해봤다.

긍정적인 그림과 부정적인 그림이 동시에 나타났다가 사라지고 어느 한쪽에 표시가 뜬다. 피험자는 이 표시를 가급적 빨리 찾아 반응해야 한다.

이 실험을 조금 가공해 몇 명에게는 혐오스러운 그림 다음에 표시가 나타나고, 다른 피험자에게는 행복해 보이는 긍정적인 그림 다음에 표시가 나타나도록 했다. 그 결과, 피험자는 무의식중에 부정적 혹은 긍정적 방향으로 치우쳤다. 표시가 늘 부정적인 그림 다음에 나타나면 피험자의 주의는 곧 부정적인 그림으로 쏠렸다.

폭스는 이 실험으로, 부정적인 방향으로 피험자를 유도할 경우에 세로토닌 운반 유전자의 발현량이 낮은 사람은 공포를 불러일으키는 그림을 재빨리 찾아낸다는 것을 확인했다. 비관적인 뇌인 SS형이 편도체 활동을 활성화시켜 공포에 대해 보다 강하게 반응하기 때문에 이는 당연한 결과였다.

그런데 피험자를 긍정적인 방향으로 유도했을 때 매우 흥미로운 결과가 나타났다.

낙관적인 뇌인 LL형 유전자가 낙관적인 성격을 만든다면, 그 보유자는 부정적인 것을 피하고 긍정적인 것에 쉽게 반응하기에 긍정적인 그림에 재빨리 주의를 향하게 될 것이 분명했다. 그런데 실제로는 긍정적 그림을 더 빨리 찾아내는 것도 '취약 유전자' SS형을 가진 그룹이었다.

세로토닌 운반 유전자의 발현량이 낮은 사람들은 부정적인 그림과 마찬가지로 긍정적인 그림에도 민감하게 반응한 것이다.

## 우리는 더 행복해질 수 있다

이 결과를 토대로 폭스는 세로토닌 운반 유전자에 대해 새로운 가설을 제시했다. 바로 '신경전달물질에 작용하는 몇몇 유전자의 발현량이 낮은 사람은 좋은 환경은 물론 나쁜 환경에도 민감하게 반응한다'는 것이다.

유전자와 환경의 상호작용을 조사한 지금까지의 실험에서는 피험자에게 일어난 부정적인 사건이나 그것이 초래하는 나쁜 영향에만 초점이 맞춰졌다. 그래서 SS형은 스트레스에 취약하다고만 여겨져 '우울증 유전자형'이라는 꼬리표가 붙었다. 그런데 폭스의 실험은 이 음울한 예언에 새로운 빛을 비춰줬다. 바로 안 좋은 일이 일어났을 때 몹시 불리하게 작용하는 유전자형이 좋은 일이 일어났을 때 더 큰 이익을 가져온다는 사실이다. 뒤집어 말하면 스트레스에 강하고 낙관적인 성격을 보인 LL형은 사실 둔감할 뿐이었다는 얘기다.

폭스의 이 새로운 가설을 지지하는 실험도 이루어졌다.

워싱턴에 있는 어느 대학의 연구자는 SS형과 LL형인 사람이 각자 비슷한 정도의 힘든 일을 겪으면 그날 밤, 더 심하게 불안해하는 것은 SS형이라는 것을 확인했다. 한편 매우 즐거운 일이 있던 날 밤에 SS형이 느끼는 스트레스는 LL형보다 명백히 적었다.

폭스가 실시한 학습 실험에서도, 세로토닌 운반 유전자의 발현량이 낮은 사람은 높은 사람에 비해 긍정적인 일에도 부정적인 일에도 감정적으로 매우 민감하다는 결과가 나왔다.

이것으로 폭스는 세로토닌 운반 유전자는 역경에 약한 취약 유전자가 아니라 가역적인 유전자라고 생각해야 옳다고 결론지었다. 세로토닌 유전자의 발현량이 낮은 사람은 주변 환경에 쉽게 영향을 받고 반응하기에 학대받거나 주위로부터 지원을 얻지 못할 때는 심각하게 부정적인 영향을 받지만, 한편으로 환경이 훌륭하면 큰 이익을 끌어낼 수 있다.

그리고 이것으로 왜 L형 유전자가 생긴 다음에 S형 유전자가 나타났는지도 설명할 수 있게 되었다. 바로 농경 사회라는 폐쇄적인 공동체의, 친밀하지만 스트레스로 가득한 인간관계에 잘 적응하는 데 L형 유전자가 도움이 되지 않았기 때문이다. 그래서 (보다 이른 시기에 농경 문명으로 이행한) 유럽이나 동아시아에 S형 유전자가 많고, 아프리카에 L형 유전자가 많이 남아 있는 것이었다. 긍정적인 일도 부정적인 일도 느끼기 쉽게 진화됨으로써 상대의 기분을 보다 빨리 알아차릴 수 있어 수렵 채집 생활에서는 불가능했던 큰 공동체를 유지할 수 있게 됐다.

폭스의 이 새로운 가설은 97퍼센트가 SS형, SL형 세로토닌 운반 유전자를 가져 우울증이 풍토병이 돼버린 일본인에게 시사하는 바가 매우 크다.

《미움받을 용기(嫌われる勇氣)》가 밀리언셀러가 된 것을 봐도 알 수 있듯, 일본인은 타인(세상)에게 미움받는 것을 극도로 두려워한다. 뇌과학에 의하면, 이 성격은 사회적·문화적 토양에서 생겨난 것이 아니라 환경(인간관계)에 매우 민감하게 반응하는 유전자형에 의해 초래된다. 이는 유전적인 기반을 가진 일본인의 타고난 성격이 항상 타자를 신경 쓰지 않고는 살아갈 수 없는 사회와 문화를 만들어냈다는 의미이기도 하다.

일본인은 행복해지려고 '관계'를 추구하고, 그 결과 (관계 지향적) 관계에 묻혀 운신조차 할 수 없게 된다. 잇따르는 과로사, 과로 자살을 봐도 알 수 있듯 이는 몹시 위험한 환경이기도 하다. 회사는 싫지만 회사 없이는 살아갈 수 없는 것이 일본인의 서글픈 성질이다.

그러나 한편으로 세로토닌 운반 유전자에 대한 최신 정보는 우울에 취약한 줄로만 알았던 일본인이 좋은 일에도 더 민감하게 반응한다는 것을 가르쳐준다. 즉 자신에게 적합한 환경을 찾아간다면 둔감한 사람에게는 없는 행복을 손에 넣을 수 있을지도 모른다.

그러기 위해서는 일본인의 유전적 특징을 전제로, 자신의 인생을 설계하지 않으면 안 된다. 쉽게 말해 스트레스 없는 환경을 설계할 수 있다면 우리는 '낙천적'으로 보이는 라틴계나 아프리카계 사람들보다 더 낙천적이 될 수 있을지도 모른다.

그리고 이때 중요한 것이 인간관계를 선택할 수 있는 '프리 에이전트 전략'이다.

# 004 행복해지기 위한 전략

미국 사회학자 마크 그라노베터(Mark Granovetter)는 하버드대학 박사과정에 재학하던 1973년에 '약한 관계의 힘'이라는 매우 흥미로운 연구를 진행했다.

그라노베터는 사회적 성공에 인맥이 얼마나 유효한지를 알아보기 위해 매사추세츠주 뉴턴의 화이트칼라 비즈니스맨(남자 전문직, 기술자, 관리직 282명)에게 "어떻게 지금의 이 일을 하게 됐는가?" 물었다. 신문 구인 광고를 보거나 민간 소개소를 통했거나 직접 이력서를 보낸 사람을 제외해보니 과반수인 56퍼센트가 지인을 통해 일자리를 찾았다.

다음으로 "지인의 실태"를 물었다. 55.6퍼센트가 "이따금 만날" 뿐이라고 답했고, 28퍼센트는 "거의 만나지 않는" 사람이라고 답했다. 자주 만나는 "친구"에게 일을 소개받았다고 한 사람은 17퍼센트도 되지 않았다.

일본과 마찬가지로 미국도 인맥 사회로, 좋은 직장에 들어가기 위해서는 강한 인맥이 필요하다는 믿음이 있었기에 이 결과는 큰 반향을 일으켰다.

이 결과에 대해 그래노베터는 강하게 이어진 친구들은 비슷비슷한 일을 하는 경우가 많기 때문에 직장을 옮길 때 생각을 나누기는 해도 같은 일밖에 소개할 수 없다고 했다. 그런데 약하게 이어진 소원한 친구는 자신과 다른 세계에서 생활하는 일이 많아 새로운 가능성을 가르쳐준다는 것이다.

이것이 '약한 관계의 힘'이다. 잘 생각해보면 이유는 그뿐만이 아니라는 것을 알 수 있다.

강하게 이어진 사람(예를 들어 혈연관계)이 소개하는 데에는 무거운 책임감이 따른다. 자식이나 형제자매가 문제를 일으키면 자신에게 책임이 돌아온다. 그 전형이 이슬람권이나 남아시아에서 큰 문제가 되는 명예 살인이다. 부모가 정한 혼인 약속을 딸이 따르지 않아 상대에게 수치심을 주면, 가족(아버지나 오빠)은 딸(여동생)을 자신의 손으로 죽이지 않으면 안 된다.

그러나 약한 관계의 소개는, 때마침 알게 된 사람이 때마침 아는 다른 사람과 이어주는 것뿐이어서 실패해도 책임이 돌아오지 않는다. 반대로 그 인재가 도움이 되면 상대에게 감사를 받을 수도 있다. 이는 손해 보지 않는 투자와 같아서, 현명한 사람일수록 누군가를 소개할 때는 강한 관계보다 약한 관계를 선호한다.

## 풋살 규칙은 1인 참가

전통적인 사회는 정치 공간에서 만들어지기에, 우리는 진화를 거치는 동안 권력 게임에 익숙해졌다. 인터넷에서는 유명인의 불륜이나 정치가의 스캔들 같은 규칙 위반을 발견하면 익명으로 비난하는 일이 흔하다. 이것도 권력 게임 속에서 배신자(적)를 서둘러 찾아내 공동체에서 배제시키고자 유전적으로 프로그램 돼 있기 때문이다("조선인을 죽여라!"라고 외치며 데모하는 기괴한 집단도 이런 진화의 산물이다).

지방에 사는 마일드 양키가 가진 사회 자본은 친구라는 강한 관계로 이루어져 있고, 이들은 정치 공간(우정 공간) 안에서 살아가고 있다. 조직폭력배나 정치가가 배신을 하거나 당하는 것에 굉장히 민감한 까닭도 정치 공간에서 권력 게임이 이루어지기 때문이다.

사람들이 도시로 모이고 사회가 풍요로워지면 점차 농밀한 권력 게임이 얽히고설킨다. 그런 복잡하기 그지없는 정치 공간(부모와 자식이나 연인과의 애증도 포함해)에 비해 화폐 공간의 두드러진 특징은 바로 그 간결함에 있다. 쇼핑이란 내킬 때 내키는 상대와 내키는 대로 화폐를 통해 관계를 가지는 것이다.

화폐 공간이 일상생활로 확장되면서 현대사회에서는 화폐를 통하지 않아도 약한 관계가 성립되게 됐다. 내가 들은 재미있는 예는 풋살이다.

최근 건물 옥상에 풋살 코트를 갖춘 곳이 늘고 있다. 그곳에서

경기를 즐기기 위해서는 (골키퍼를 포함해) 각 팀 최소 세 명, 최대 다섯 명(그 이상은 교대)이 필요하다.

나는 단순히 젊은이들이 풋살 팀을 만들어 경기한다고만 생각했다. 그런데 실제로 선수는 특정 팀에 속하지 않고, 시간이 있을 때 혼자 가까운 풋살 코트를 찾아가 인원이 부족하거나 선수가 빠진 팀에 들어가 경기하는 것이 (적어도 도쿄에서는) 당연하다고 한다. 그런 데서 가장 싫어하는 것이 친구와 함께 오는 것으로, '저런 녀석에게는 절대 패스하지 말 것'이란 암묵적인 규칙도 있다.

그리고 경기가 끝나면 서로 하이파이브를 하고 흩어지는데, 이때 상대의 나이나 직업은 물론 이름조차 묻지 않는다고 한다. 낯선 사람끼리 어쩌다 같은 코트에서 만나 풋살을 하는 것이 가장 편하고 좋다는 것인데, 그야말로 화폐 공간인 시장 게임 그 자체다. 더욱 흥미로운 사실은, 꽉 짜인 스포츠의 전형이었던 동네 야구조차 특정 팀을 만들지 않고, 구장을 찾은 다음 인터넷으로 각 포지션의 선수를 모집하고, 시합이 끝나면 "수고했다!"는 인사만 나누고 해산하고, 으레 가졌던 2차도 없어졌다고 한다.

나는 《일본인(日本人)》이라는 책에서, 국제적인 의식 조사를 보면 종래의 상식을 뒤엎고 일본인이 매우 세속적인 국민이라고 지적했다. 하지만 풋살이나 동네 야구의 변화로도 알 수 있듯, 이제껏 정치 공간의 빈틈없는 인간관계가 당연했던 곳에 화폐 공간의 간결한 (데면데면한) 관계가 급속히 침투하고 있음을 알 수 있다. 그 배경에는 인터넷이나 SNS가 발전하면서 농밀한 관계를 형성하지 않아도 '관계'를 가질 수 있게 된 시대적 변화가 있다.

회사나 학교는 강한 관계성에 묻힌 '관계 지향인'의 세계다. '미움받기'를 극단적으로 두려워하는 일본인은 사실 이런 정치 공간을 몹시 싫어한다. 약한 관계로 만들어진 화폐 공간이라면 일본인도 '개인'으로 행동할 수 있어 훨씬 편하다.

## 고교생의 섹스 상관도

이제 '강한 관계'와 '약한 관계'를 시각화해보자. 도표 26은 백인 학생이 대부분인 미국 중서부의 중간 규모 고등학교(여기서는 '제퍼슨 고등학교'라고 부르자)의 섹스 상관도다(니컬러스 크리스태키스(Nicholas A. Christakis), 제임스 파울러(James H. Fowler), 《행복은 전염된다(Connected)》).

이것은 일류 학술지에 게재된 엄연한 사회학 연구다. 그런데 어째서 사회학자가 고교생의 섹스를 알 수 있었을까? 그것은 매독 같은 성 감염증이 퍼졌을 때 더 이상의 감염을 막기 위해 학생들에게 청취 조사를 실시, 질병을 옮길(옮겨질) 가능성이 있는 섹스 친구의 상관도를 만들 필요가 있었기 때문이다.

도표 26에서 짙은 점이 남자, 옅은 점이 여자다. 복수의 이성과 사귀는 경우는 두 방향(혹은 세 방향 이상)으로 가지가 뻗는다.

이를 보면 알 수 있듯 가지의 끝에 있는 학생을 제외하면 모든

도표 26 **제퍼슨 고등학교의 섹스 상관도**

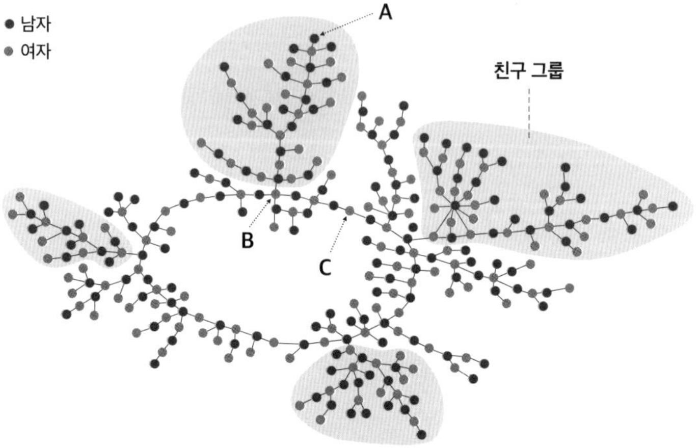


니컬러스 크리스태키스, 제임스 파울러, 《행복은 전염된다》 발췌

학생이 복수의 이성과 성관계를 가진다. 그러나 이는 '미국 고등학교는 풍기가 문란하다'는 의미가 아니다.

이성과 일대일로 사귀는 고등학생은 병에 감염되지 않기에 이 상관도에는 없다. 그러니까 이 상관도는 자신 혹은 상대(혹은 양쪽)가 양다리를 걸치는, 성에 적극적인 고교생들의 상관도다.

이 상관도를 보면 학생들의 관계(사회적 네트워크)가 허브(결절점)와 스포크(가지)로 이루어진 네트워크 구조임을 알 수 있다. 네트워크는 본선과 지선(가지)으로 갈리고, 각 가지 부분이 학교에서의 친구 그룹이다.

여기서 매우 단순한 '친구의 법칙'을 끌어낼 수 있다.

첫째는 '다른 친구 그룹끼리는 교류하지 않는다'는 것이다. 가지 끝에 있는 남자 혹은 여자는 다른 친구 그룹에 연인을 만들지 않는다.

둘째는 '친구 그룹 안에서 다른 친구 그룹과 교섭하는 것은 단 한 명뿐'이라는 사실이다. 이 특권적인 구성원은 통상 그 그룹의 리더로, 그 또는 그녀가 그룹 외의 이성과도 성관계를 가짐으로써 그룹들 사이로 성병이 확산된다.

이런 구조는 불량 서클을 떠올려도 잘 알 수 있다.

그룹의 말단 구성원은 적대하는 그룹과 만나면 싸우기만 한다(교류하지 않는다). 그룹의 테두리를 넘어 다른 그룹의 리더와 대화할 수 있는 것은 오로지 리더로 한정된다('조장 회의'에 나가는 것이 조직폭력배 권력의 원천이다).

단 제퍼슨 고등학교의 상관도를 보면, 큰 그룹끼리 직접적으로 이어져 있지는 않다. 학교 집단 중에는 유력한 친구 그룹에는 속하지 않고, 인기 있는 (그룹 리더인) 남자나 여자와 사귀는 학생이 있다. 유연한 행동을 취하는 그(그녀)가 매개가 돼 그룹 간에 완만한 테두리를 이룬다.

이 상관도를 정치 공간과 화폐 공간으로 해석해보자.

A는 가지에 의해 다른 그룹과 떨어져 있어서 멤버들과의 강한 관계가 세상의 전부다. 그룹 외의 상대와 만날 기회는 없다. 지방의 마일드 양키(현지인)뿐 아니라 회사라는 성당(무라 사회)에 갇힌 샐러리맨이나 자녀의 학교와 학년으로 갈린 엄마 동지의 세계도

그렇다. 그들은 정치 공간의 강한 관계 안에서 사는데, 친구와의 관계가 끊어지면 모든 사회 자본을 잃기 때문에 무슨 일이 있어도 '성당의 세계'에 매달릴 수밖에 없다. 샐러리맨이라면 회사에 인생을 의존한 상태로, 당연히 인간관계를 택할 수 없다.

B는 그룹 리더로 허브의 위치에 있다. 그룹 구성원(친구들)은 물론 다른 그룹의 리더나 주변 구성원과도 관계할 수 있다. 이 네트워크에서는 분명 가장 큰 사회 자본을 가졌지만, 한편으로 집단에 대한 책임이 있기 때문에 자신의 위치를 자유로이 옮길 수 없다. 이는 중소기업 경영자처럼 조직의 리더가 처한 상황으로, 역시 인간관계의 굴레에 얽혀 살아가는 수밖에 없다.

그런데 C는 어느 그룹과도 친구 관계가 아니지만, 한편으로 네트워크 본선에 있어 그룹 리더(허브)와 이어진다. 이 관계는 그룹에서의 친구 관계만큼 강하지는 않지만, 특정 상대와 관계가 끊어져도 별반 영향을 받지 않고 다른 허브를 통해 누구와도 가볍게 친구가 될 수 있다. 이는 도시 풋살 그룹의 약한 관계와 마찬가지로, 정치 공간(성당)에 얽매이는 일 없이 국제적인 화폐 공간(시장)에서 네트워크를 전 세계로까지 확대할 수 있다. 이 전략을 '프리 에이전트'라고 하겠다.

## 행복은 전염된다

1998년 11월 12일, 테네시주의 어느 고등학교에서 한 여교사가 휘발유 냄새를 맡고 두통, 호흡곤란, 현기증, 구토 증상을 호소했다. 그 모습을 본 몇몇 학생도 곧바로 비슷한 증상을 보였고, 그 사태를 지켜보던 학생들도 속이 좋지 않다고 말해 결국 화재경보기가 학교 전체에 울려 퍼졌다. 경찰관, 소방관, 구급대가 출동했다. 최종적으로 병원으로 실려 간 교사와 학생이 100명에 달했고, 그중 38명은 입원까지 하면서 학교가 나흘간 폐쇄됐다(니컬러스 크리스태키스, 제임스 파울러,《행복은 전염된다》).

그런데 이상하게도 소방서, 가스 회사, 노동안전위생국이 철저히 조사했는데도 그 원인을 찾지 못했다. 더욱 기묘하게도 닷새 후에 학교를 다시 연 순간, 71명이 몸이 좋지 않다며 다시 구급차를 불렀다.

이 사태의 원인을 밝히기 위해 연방환경보호청, 유해물질 · 질병등록국, 국립노동안전위생연구소, 테네시주 보건국, 테네시주 농무국 등이 달려왔다. 하지만 아무리 조사해도 원인 물질을 발견하지 못했다. 이 보고를 받은 질병대책센터(CDC) 역학조사부가 내놓은 결과는 '집단 히스테리'였다. 이상한 냄새로 속이 좋지 않다고 말한 것은 환자를 직접 본 여성들뿐이었던 것이다.

이 사회현상을 현대에서는 '집단 심인성 질환(MPI, Mass Psychogenic Illness)'이라고 부른다. 집단 심인성 질환에 걸린 사람은 꾀병이 아니라 진짜 두통이나 구토를 일으킨다. 그러나 그런 신체 증상은 여교사의 감정적 변화를 직접 본 여학생들이 무의식중에 감정에 동조하고 심리적으로 증폭되면서 나타났던 것이다.

비슷한 사례가 또 있다. 인구 1만 5000명인 시골 마을에 '유령 마취사'가 출몰한다는 소문이 퍼져 고속도로 요금 징수원이 패닉을 일으켜 건강을 해치는 등 곳곳에서 문제가 발생했다. 공통점은 '관계가 농밀하고 고립된 커뮤니티'라는 것과 '구성원의 스트레스가 높다'는 점이다. 병에 걸리는 것은 대부분 여성이지만, 남성들이 축구장에서부터 전쟁터에 이르기까지 폭력적인 감정을 집단으로 폭주시키는 사례도 많다. 뼛속까지 사회적 동물인 인간의 네트워크는 '약간'의 계기로 감정을 '감염'시킨다.

'감정의 전염'은 마을 건강도 조사에서도 볼 수 있다. 담배를 피우지 않는 건강한 사람의 행복도는 높고, 건강하지 않은 흡연자의 행복도는 낮다. 행복한 사람은 행복한 이웃과, 불행한 사람은 불행한 이웃과 교류하는 경향이 있어서, 네트워크의 본선에 있을수록 행복도가 높다는 것을 알 수 있다. 히스테리와 마찬가지로 행복이나 불행도 전염되는 것이다.

이 이상한 현상은, 우리가 자신과 비슷한 사람처럼 되고 싶다고 생각해, 자신과 비슷한 사람들을 흉내 내려고 한다는 점으로 설명이 된다. 인간의 뇌는 무의식중에 주위 사람들의 감정을 흉내 내고 흡수하도록 만들어졌다. 의식적으로 남과 다른 것을 하고 싶어 해도 무의식 차원에서는 군중에게 맞추는 것이다.

행복도 조사에서는 집에서 1마일(1.6킬로미터) 안에 사는 친구가 행복해지면 자신도 행복을 느낄 확률이 25퍼센트 올라갔다. 감정적으로 보다 강한 관계에 있는 가족은 행복 전염 효과가 한층 높았고, 특히 딸에게서 부모에게로 감정이 전파되는 경우가 많았다. 이는 딸이 부모에게 속마음을 잘 털어놓기 때문이라고 여겨진다.

행복의 전염 효과는 매우 크다. 그래서 행동과학을 연구하는 폴 돌런(Paul Dolan)은 "어떻게 하면 행복해질 수 있는가?" "더 섹스할 수 있는가?" "체중을 줄일 수 있는가?" 같은 질문에 (농담처럼) 이렇게 답했다.

"행복한 사람과 친구가 되고, 불행한 친구와는 인연을 끊어라. 섹스를 많이 하는 사람과 친구가 되고, 그렇지 않은 친구와는 인연을 끊어라. 마른 사람과 친구가 되고, 뚱뚱한 사람과는 인연을 끊어라."

나아가 폴 돌런은 새로운 일이나 살 곳을 정할 때도 내 행복에 가장 많이 도움을 줄 사람들이 어디에 살고 있는지를 고려해야 한다고 조언했다.

친구는 거리가 가까울수록 전염 효과가 크다. 그러니 "함께 있는 동안 얼마나 즐거운가?" "얼마나 자주 만나는가?"로 친구들을 평가하고 즐거운 친구와는 가까이, 그렇지 않은 친구와는 거리를 둘 수 있는 최적의 장소를 찾아야 한다.

행복에 이르는 지름길은 상대의 행복도를 기준으로 '친구 포트폴리오'를 최적화하는 것이다(폴 돌런, 《행복은 어떻게 설계되는

가(Happiness by Design)》).

## 번뇌에서 자유로워진 솔로충실형

사회적 동물인 인간의 행복은 사회 자본(관계)에서만 얻을 수 있다. 강한 관계는 농밀한 인간관계로 만들어진 애정의 세계로, 때로 큰 기쁨을 주지만 인생을 파괴할 만큼 큰 불행을 주기도 한다. 누구나 알고 있듯 인생의 문제 대부분은 (금전과 건강을 빼면) 가까운 사람과의 뒤틀린 관계에서 발생한다.

행복도 불행도 사회 자본에서 시작된다면, 이에 대처하는 방법으로 두 가지를 생각할 수 있다.

첫 번째 방법은 인간관계의 번거로움을 마다 않고 울고 웃고 화내고 서로 부둥켜안는 든든한 동료나 가족, 친족 공동체 안에서 살아가는 것이다. 중소기업 경영자부터 조직폭력배 두목에 이르기까지 이런 사람은 늘 있기 마련이고, 본인이 그것을 행복한 인생이라고 생각한다면 멋진 일이다.

두 번째 방법은 정반대로 모든 인간관계를 끊는 것이다. 그렇다고 어떤 사람과도 관계하지 않고 세속을 버린 인생을 살아간다는 의미는 아니다. 평생 미혼으로 혼자 즐기며 살아가는 사람을 최근에는 '솔로충실형'이라고 한다. 이 말을 만든 아라카와 가즈히사(荒川和久)가 쓴 《초 솔로 사회(超ソロ社会)》를 보면 2035년에는 일본

인구의 절반이 독신이 될 것이라고 한다.

솔로충실형을 이 책의 틀에서 소개하자면 '모든 사회 자본을 정치 공간에서 화폐 공간으로 대체한 사람들'이다. (남성의 경우) 연인과 데이트하는 대신 유흥업소에 가고, 섹스는 출장 서비스 같은 곳을 이용한다. 클럽이나 파티에서 우연히 만난 사람과 신나게 즐기고, 풋살은 혼자 간다……. 철저하게 이런 방식으로 산다면 인간관계로 고민하는 일은 더 이상 없을 것이다.

불교에서 말하는 번뇌는 결국 모든 인간관계(사회 자본)에서 온다. 부처는 번뇌에서 자유로워지는 것을 두고 '깨달음'이라고 말하면서 명상 같은 여러 수행법을 제창했다.

그런데 생각해보면 최고의 솔로충실형은 연인이나 가족과의 관계를 버리는 대신 인간관계가 낳는 번거로움(번뇌)에서 자유롭기에 어떤 면에서 보면 불교의 깨달음과 같다. 구미나 일본 같은 선진국에서는 풍요로움(돈)과 과학기술로 어떤 수행(修行)도 없이 누구나 '깨달음'의 경지에 이를 수 있게 된 것이다.

사회 자본의 강한 관계(농밀한 인간관계)는 이제 영화, 텔레비전, 애니메이션, 게임으로 대체할 수 있다(반려동물이라면 스킨십도 가능하다). 과학기술이 발달하면 가상현실로 연애나 섹스까지 가능해질 것이다.

물론 이런 궁극의 자유를 택하는 사람은 (나를 포함해) 그리 많지 않다. 그러나 정보사회화와 세계화가 급속히 이루어지고 인공지능 같은 고도의 과학기술이 점차 개발되는 가까운 미래에는 도시의 젊은 엘리트층을 중심으로 농밀한 공동체에서 행복을 좇기보다는 '기쁨을 잃음으로써 슬퍼하지 않아도 되는 삶'을 진화론적 행복론으로 널리 받아들일지도 모른다.

## 공무원과 프리 에이전트

사람들은 왜 인간관계를 정치 공간에서 화폐 공간으로 옮겨 가 솔로충실형이 되는 것일까? 그것은 '강한 통증 한 번보다 계속 이어지는 약한 통증이 행복도를 떨어뜨린다'는 행복의 법칙으로 설명할 수 있다.

행복 연구에 따르면, 이혼이나 사랑하는 사람과의 사별보다 매일 만원 전철을 타고 장시간 출퇴근하는 것이 사람을 더 불행하게 만든다. 이는 얼핏 상식에 반하는 것처럼 보이지만 싫은 상사(동료, 부하)와 매일 얼굴을 마주해야 하는 상황을 생각하면 납득하는 사람도 많을 것이다.

다들 경험한 적이 있을 텐데, 세상에는 일정한 수의 (경험적으로 약 5퍼센트) 곤란한 사람이 있다. 그들이 교육 현장에서는 '진상' 학부모, 의료 현장에서는 '진상' 환자로 사회문제가 되고 있다. 일부는 '사이코패스'라고 불리는 이상인격자다.

행복감을 훼손하는 가장 큰 요인은 이런 사람들과 관계해야만 한다는 데 있다. 상대가 고객이라면 그런대로 대처할 수도 있다.

하지만 상사라면 비극이고, 동료나 부하라도 공격적인 커뮤니케이션밖에 하지 못하는 인물이라면 직장이라는 (도망칠 데 없는) 폐쇄 공간에서는 심한 스트레스의 원인이 된다.

인간관계가 점점 복잡해지는 현대사회에서는 타자와의 관계성에 매우 민감한 대다수 일본인이 '다루기 힘든 사람' 때문에 고민하고, 그렇기에 '미움받을 용기'를 필요로 하는 것이리라. 그러나 거기에도 한계가 있고, 상황에 따라서는 어떤 용기도 힘이 되지 못한다. 그런데 이 골치 아픈 문제를 해결하는 매우 간단한 방법이 있다. 바로 '다루기 힘든 사람'과 관계하지 않는 선택의 자유를 가지는 것이다.

직업별 행복도를 조사하면, 많은 연구에서 자영업자와 공무원의 행복도가 높다는 것을 알 수 있다.

자영업자가 회사원보다 인생의 만족도가 높은 까닭은 비록 수입은 적어도 자신이 좋아하는 일을 하며 자아실현을 할 수 있기 때문만은 아니다. 시간(언제 얼마나 일하는가)과 인간관계(누구와 일하는가)를 택할 수 있다면 그것만으로 행복감은 대폭 높아진다.

그렇다면 공무원의 행복도는 왜 높을까? 그것은 우리가 자아실현과 함께 안정도 추구하기 때문이다.

공무원은 주어진 일을 매뉴얼에 따라 수행할 뿐 개인 재량으로 판단하는 것은 원칙적으로 금지돼 있다. 그런 의미에서 보면 일하는 보람(자아실현)은 없지만, 책임도 없고 정년까지의 수입과 생활이 보장되니 그 안심감이 행복으로 이어진다. 여성의 경우에는 맞

도표 27 **직업별 행복도**

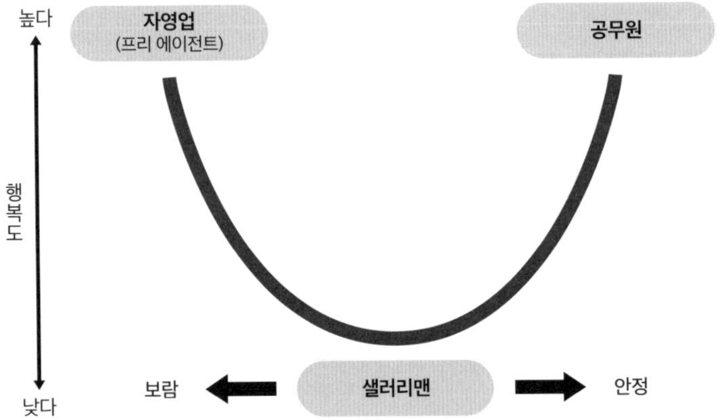


벌이보다 전업주부의 행복도가 높다. 이는 남편의 수입으로 가계가 안정돼 있기 때문으로, 전업주부로 지내길 원한다면 이것도 행복이다.

결과적으로 행복도는 일하는 보람(자영업)과 안정(공무원)을 정점으로 U 자형을 그린다. 샐러리맨의 행복도가 낮은 것은 작아지는 시장 안에서 일하는 보람을 잃고, 구조 조정으로 안정도 약속되지 않기 때문일 것이다(도표 27).

## 프리 에이전트라는 전략

엘 고어(Al Gore) 전 미국 부통령의 수석 연설문 작성자로 일하다가 작가로 전향한 다니엘 핑크(Daniel Pink)는《프리 에이전트의 시대(Free Agent Nation)》에서 앞으로는 조직에 속해 살아가는 삶에서 벗어나 자유롭게 일하는 방식으로 사회가 변해 갈 것이라고 예언했다.

국민연금이나 국민건강보험이 없는 미국에서는 독립하면 큰 부담을 져야 하지만, 그럼에도 불구하고 '인디펜던트 프로페셔널'이라 불리는 프리 에이전트가 급증해 법인 기업가까지 포함하면 그 수가 3300만 명에 이른다. 프리 에이전트는 컴퓨터 프로그래머나 컨설턴트 등 다양한 분야에서 활약하고 있다. 또한 수입은 회사원보다 평균 15퍼센트 많아, 연 수입 7만 5000달러 이상인 사람의 비율이 급여 소득자의 두 배다.

저널리스트 데이비드 브룩스(David Brooks)는 미국에 대두한 새로운 상류계급을 '보보스(BOBOS)'라고 불렀다. 부르주아(Bourgeois)와 보헤미안(Bohemians)을 조합한 말로, 전형적인 보보스는 부부 모두 고학력에 자유로운 도시나 교외에 살고, 경제적으로 풍족하지만 부르주아와 같은 화려한 생활을 경멸한다. 그렇다고 해서 히피처럼 체제에 반항하는 것이 아니라 최첨단 하이테크 기술에 둘러싸여 지내면서도 자연스럽고 소박한 데서 최고의 가치를 찾는다(《보보스(Bobos in paradise)》).

보보스 대부분은 변호사나 컨설턴트 같은 전문가, 독립적인 프로젝트를 맡은 회사 내 크리에이티브 클래스로, 이들은 스스로를 스페셜리스트보다는 크리에이터로 여긴다. 그들이 동경하는 것은 유명 기업 사장이나 부호가 아니라 시인이나 소설가, 뉴스 캐스터 등 '지적 유명인' 즉 진정한 크리에이터다.

보보스들은 이미 돈이 충분해서 자산액에는 그다지 관심이 없다. 고급 브랜드가 아닌 유니클로(Uniqlo) 옷을 입고, 긴자 고급 요정이 아닌 부근 식당에서 가족과 오붓하게 식사하기를 즐기는 사람들이기도 하다. 그런 그들이 진정으로 얻고자 하는 희소한 보석(그들에게 진짜 가치 있는 것)은 지적 커뮤니티에서의 평판이다.

프리 에이전트는 정보사회에 최적화된 삶의 방식으로, '좋아하는 일'에 모든 인적 자본을 투자하고, 관료적으로 변한 조직에서는 만들어낼 수 없는 콘텐츠, 과학기술, 재능, 지식을 독점한다. 인터넷으로 고객과 직접 연결될 수 있게 된 그들은 조직에 속할 필요 없이 인간관계를 선택함으로써 자유로운 인생을 즐긴다.

아직까지 관계 지향적인 정치 공간이 사회를 지배하는 일본에서는 샐러리맨이 아닌 다른 인생을 상상하기 어렵다. 하지만 세계화하는 정보사회에서는 솔로충실형이나 새로운 부유층(보보스)이 등장하고, 자유와 자아실현을 최우선으로 여기는 개인주의적이고 자유로운 라이프 스타일이 당연해지고 있다.

## 행복한 인생을 위한 최적의 포트폴리오

조직(강한 관계)을 버림으로써 생기는 단점은 생활이

불안정해진다는 것이고, 장점은 인간관계를 선택할 수 있다(싫은 상사나 거래처와의 관계를 끊는다)는 것이다. 이 장점과 단점을 어떻게 저울에 달지는 사람마다 제각기 다르다. 일본뿐 아니라 선진국에서 우울증이 퍼지고 있는 이유는 인간관계가 한층 복잡해지고 있기 때문일 것이다. 온갖 조사 결과가 인생의 고민이 '건강, 금전, 인간관계'에 있다고 말하는 것을 보면, 프리 에이전트가 돼 싫은 사람을 상대하지 않아도 된다면 그것만으로도 인생의 고민 중 3분의 1이 사라진다(경제적으로 독립하면 금전 고민도 사라지기 때문에 건강 문제만 남는다).

그렇다고 해도 솔로충실형으로 살아가는 삶에 흔쾌히 찬성하는 사람은 그리 많지 않을 것이다. "모든 불행은 인간관계에서 온다."는 말이 비록 진실이라 해도 애정이나 우정마저 버린다면 살아갈 의미가 없기 때문이다.

그렇다면 우리처럼 평범한 사람에게 '행복한 인생'을 위한 최적의 포트폴리오는 뭘까?

경제적으로 독립해 알찬 일을 하고, 가족이나 친구와의 강한 관계에 둘러싸인 인생이 이상적이라고 말하는 사람도 많을 것이다. 하지만 대부분은 이런 초충만형 인생 포트폴리오를 실현할 수 없다. 왜냐하면 돈이 인간관계에 문제를 일으키기 때문이다.

게다가 강한 관계에는 두 가지 유의해야 할 문제가 있다.

하나는 투자 이론으로 보면, 강한 관계는 지역사회나 회사에 사회 자본을 집중한 상태다. 동일본 대지진이나 후쿠시마 원자력발

전소 사고로 도호쿠 지방은 심각한 타격을 입었다. 세계화의 거친 물결 속에서 대기업, 명문 기업도 언제 경영이 파탄 날지 모르는 시대다. (사회 자본이라는) 계란을 한 바구니에 담으면 충격으로 한 순간에 모든 것을 잃을 수 있다.

이와 달리 약한 관계는 사회 자본을 분산투자해 그만큼 위험에 대한 내성이 강해진다. 그 네트워크가 전 세계로 확대되면 만일 자기 나라에서 살 수 없게 되는 사태가 벌어져도 해외의 친구에 의지해 거기서 살아갈 수 있다(이것이 결코 거짓이 아닌 것은 유럽으로 밀려드는 시리아 난민을 봐도 알 수 있다).

다른 하나는 강한 관계가 사회학에서 말하는 내집단으로, 구성원의 정서적 공감이 행복감을 낳는 한편 그 일체감이 외집단(우리가 아닌 사람)의 배제나 차별로 이어진다는 것이다. 학교에서의 집단 괴롭힘이 그 전형인데, 회사 동기부터 엄마 동지에 이르기까지 '친구의 테두리'가 이런 잔혹성을 가진다는 것은 경험한 사람이라면 누구나 알 것이다.

그러나 약한 관계는 (비즈니스나 취미 등) 서로의 가치관이 비슷하다는 '인지적 공감'으로 경계가 모호한 집단을 구성하기 때문에 이질적인 존재에게도 관용적이다. 바꿔 말하면 이 관용이 있기에 신용을 '화폐'로 삼아 인종, 국적, 종교, 성적 지향의 차이를 넘어 지인의 테두리를 넓혀갈 수 있다.

이런 특징을 생각하면 행복한 인생을 위한 최적의 포트폴리오는 소중한 사람과의 아주 작은 애정 공간을 중심으로, 화폐 공간의 약한 관계로 사회 자본을 구성함으로써 실현시킬 수 있지 않을까? 간단히 말해 강한 관계는 연인이나 가족으로 최소화하고, 우정을 포함한 그 외의 관계는 모두 화폐 공간으로 대체하는 것이다.

그러면서 하나의 조직(성당)에 생활을 의존하지 말고, 스페셜리스트나 크리에이터로서의 인적 자본(전문적인 지식이나 기술, 콘텐츠)을 살려 프로젝트 단위로 마음에 드는 동료와 일한다. 이 방식의 전형으로 영화제작을 꼽을 수 있다. 프로듀서가 기획하고 자금을 조달하면 영화업계라는 노동시장에서 감독, 배우, 스태프를 모집하고 작품(프로젝트)이 완성되면 팀은 해산한다. 영화계도 먹고 살기 힘들다고 하지만, 그럼에도 만족도가 높은 것은 자신의 작품을 세상에 내놓는다는 것과 제작 현장이 인간관계를 강제하는 성당이 아니라 자유로운 선택을 허락하는 시장이기 때문이다.

프리 에이전트가 이합집산하는 프로젝트 단위로 일하는 방식은 영화, 음악, 연극 등 콘텐츠 산업뿐 아니라 지금은 게임, 어플리케이션 개발 같은 과학기술 산업에서 주류가 됐다.

회사 조직의 농밀한 인간관계에 익숙한 사람은 이런 방식으로 일하는 데 부족함을 느낄지도 모르겠다. 그러나 모든 샐러리맨은 정년퇴직으로 인적 자본과 사회 자본 대부분을 잃는다. 100세 시대라는 현실을 생각하면, 나이를 불문하고 약한 관계를 유지하며 프리 에이전트로서 프로젝트 단위로 일하는 '평생 현역 전략'이 훨씬 효과적이라는 것은 명백하다.

즉 행복한 인생을 위한 최적의 포트폴리오는 도표 28일 것이다.

도표 28 **행복한 인생을 위한 최적의 포트폴리오**

이것으로 금전적으로도 인간관계에서도 어떤 스트레스도 받지 않고 좋아하는 일에 인적 자본을 집중하고 자아실현을 할 수 있다.

미국의 신흥 부자 보보스가 실천하고 있듯 이는 결코 꿈같은 이야기가 아니다. 정보사회에 최적화한 현실적인 전략이다. 물론 지금 이 나라에 태어난 기적과 행운을 살린다면 당신도 충분히 실현할 수 있다.

## 005 진짜 나는 어디 있는가

드디어 이 책도 마지막에 이르렀다. 여기서는 가장 중요한 이야기를 해보려 한다. 바로 '진짜 나는 어디 있는가' 하는 것이다.

지금까지 말했듯 우리는 인생이라는 게임 안에서, 자신이 속한 집단에서 역할(캐릭터)을 확보하고, 가능한 한 눈에 띄려고 하고, 자기 집단을 적대 집단보다 우위에 서도록 노력해야 한다고 진화에 의해 '프로그램' 됐다. 우리가 왜 이런 복잡한 게임을 하는 것일까? 적대 집단에 패하면 모두 죽임을 당하고, 집단 안에서 튀지 않으면 이성을 얻지 못하기 때문이다. 이는 남성의 경우이지만, 비록 규칙은 달라도 여성 역시 기본적으로는 같은 게임을 한다.

일단 '집단'이 생기면 이번에는 이익에 따라 모이기도 하고 흩어지기도 한다. 적대하는 집단과 자신의 집단을 차별화하고, 적의 적과 연합하거나 상대 집단을 정복해 세력을 확장하는 등, 전국시대부터 조직폭력단, 정치가, 사내 파벌 싸움에 이르기까지, 역사를 거슬러 올라가보면 구석기시대부터, 아니 침팬지에서 갈라져 나오기 전부터 인간은 쉬지 않고 똑같은 게임을 반복해왔다.

이런 복잡한 인간관계의 게임 안에서 우리는 자아실현을 하려 한다. 바로 '진짜 자신'과 만나는 것이다.

'자기 찾기'는 너무 진부해져, 지금은 콧방귀로 웃어넘기는 이야기가 됐다. 그럼에도 불구하고 아직 사라지지 않고 남아 있는 것은 우리 모두가 '진짜 자신이 어딘가에 있다'는 감각을 공유하고 있기 때문이다. 그리고 이 감각은 틀리지 않다. '진짜 자신'은 분명히 존재한다.

대체 어디에?

그것은 당신의 과거에서 찾을 수 있다.

친구 집단 안에서는 캐릭터가 겹치지 않는 것이 대원칙으로, 가령 리더가 한 그룹에 두 명 있을 수 없다. 리더에 적합한 구성원이 여럿 있다고 해도 한 사람이 리더의 자리를 차지하면 다른 사람들은 다른 캐릭터를 (무의식적으로) 택하게 된다. 리더십이 있는 아이는 정치가나 경영자처럼 사람 위에 서는 지위를 목표로 할 것이다. 분위기 메이커 역할을 하는 남자아이는 개그맨의 길을 걷고, 인기 있는 여자아이는 아이돌을 꿈꾼다. 스포츠 캐릭터는 프로야구나 프로축구 선수가 되려고 할지도 모른다.

그런데 어른이 되면 리더 캐릭터가 아닌 사람이 상사 역할을 맡기도 하고, 분위기 메이커 캐릭터가 공무원처럼 경직된 일을 하기도 한다. 그리고 이렇게 캐릭터가 어긋나면 사람은 '이건 진짜 내가 아니야!'라고 느낀다.

'진짜 자신'이란 어린 시절 친구 그룹 안에서 택했던 '역할(캐릭터)'의 다른 이름이다.

이렇게 생각하면 지방의 마일드 양키가 '자아실현'으로 고민하지 않는 이유를 알 것도 같다. 왜냐하면 그들은 강한 관계 속에서 학창 시절의 교우 관계를 유지하며 똑같은 '캐릭터'를 연기하고 있기 때문이다.

그러나 왕왕 살기 위해 어린 시절의 성격을 포기할 수밖에 없을 때도 있다. 이론적으로 잘못된 판단은 아니지만, 무의식은 합리성만으로 움직이는 것이 아니라서 '어른의 사정' 따위는 받아들여주지 않는다.

이렇듯 어린 시절의 자신(캐릭터)은 늘 마음속에 남아서 '나를 찾아달라'고 끊임없이 외친다.

에필로그

# 문제는 그다음부터다

행복한 인생에 이르는 최적의 전략은 다음 세 가지로 요약할 수 있다.

① 금융자산 : 경제적으로 독립하면 금전적인 불안에서 해방돼 자유로운 인생을 손에 넣을 수 있다.
② 인적 자본 : 어린 시절의 역할을 천직으로 삼아, '진짜 자신'으로서 자아실현을 할 수 있다.
③ 사회 자본 : 정치 공간에서 화폐 공간으로 옮김으로써 인간관계를 택할 수 있다.

인적 자본 이론에 따르면 우리는 금융자본을 금융시장에, 인적 자본을 노동시장에 투자한다. 인터넷의 등장으로 약한 관계에서 생기는 '평가'를 가시화할 수도 있게 됐다. 이것이 '평가 경제사회'라고 불리는 것으로, 사회 자본을 평가 시장에 투자해 '행복'이라는 부를 얻는다고도 할 수 있다. 세 가지 자본(자산)을 하나로 보는 '행복의 통일 이론'을 다음과 같이 정리할 수도 있다.

① 금융자산은 분산투자한다.
② 인적 자본은 좋아하는 일에 집중투자한다.
③ 사회 자본은 작은 애정 공간과 큰 화폐 공간으로 분산한다.

이렇게 튼튼한 토대를 만든 다음 각자가 자유로이 선택해 '행복한 인생'이라는 집을 지으면 된다. 이 책에서 말한 것은 요컨대 이뿐이다.

지금 이 나라에서 태어난 기적과 행복을 가진 우리라면 행복 인프라를 갖추는 것도 결코 불가능하지 않다. 바르게 인생을 설계한다면 다소의 행불행은 있을지언정 이 책을 읽은 사람 대부분이 자유로운 인생을 손에 넣을 수 있을 것이다. 그러나 진짜 문제는 그 다음부터다.

### 마이클 잭슨은 행복했을까?

마이클 잭슨의 〈디스 이즈 잇(This Is It)〉은 행복이란 뭔지를 생각할 때 꼭 봐야 하는 영화다.

팝의 황제라 불리는 불세출의 슈퍼스타는 쉰이 넘어 런던 콘서트를 개최할 것이라고 발표하고, 2009년 4월부터 리허설에 들어갔다. 하지만 콘서트를 한 달 앞둔 6월 25일, 로스앤젤레스 자택에서 사망했다. 사인은 '마취제 과잉 투여'였다.

리허설 모습을 담은 영화를 보면 마이클 잭슨이 콘서트를 완벽하게 만들기 위해 백댄서의 작은 몸짓이나 밴드의 작은 소리까지도 예민하게 신경 쓰며 자신이 할 수 있는 모든 노력을 기울였다는 것을 알 수 있다.

스태프 입장에서 보면 완벽했다. 그럼에도 불구하고 마이클은 마치 어린아이처럼 콘서트가 실패하지 않을까 두려워했다. 그 때문에 심각한 불면증에 시달렸고 건강이 악화돼 어려움을 겪었다. 이는 다시 불안을 키워, 주치의에게 전신마취를 해서 잠자게 해달라고 애원하기에 이르렀다.

부와 명성을 모두 가진 슈퍼스타는 과연 행복했을까? 인생의 마지막까지 이상적인 무대를 추구했다는 점에서 어쩌면 그에게는 이것이 숙원이었을지도 모른다. 그러나 〈디스 이즈 잇〉을 보고 마이클 잭슨의 인생을 동경한 사람은 아마도 없지 않을까. 그 표정에서는 엄청난 압박감에 짓눌린 고통밖에 느껴지지 않는다.

왜 행복할 수 없었을까? 그것은 모든 한계효용이 줄어들기 때문이다.

아침에 눈떴을 때 참 행복하다고 생각할 수 있는 생활을 동경하는 사람은 많다. 재능과 행운이 있다면 그런 생활을 손에 넣을 수 있을지도 모른다.

그러나 어느새 그 행복감에 익숙해진다. 그리고 그 틈새로 불행이 비집고 들어온다.

이는 복권에 1등 당첨된 사람을 추적 조사한 결과로도 알 수 있다. 일본에서는 생각할 수 없는 일이지만, 미국에서는 복권에 당첨되면 당첨자가 직접 언론에서 이 사실을 밝히기 때문에 그 뒤로 어떤 인생을 사는지 알 수 있다.

가난에서 벗어나 억만장자가 됐을 때는 당연히 엄청난 행복감을 만끽한다. 그런데 이상하게 당첨된 지 5년이 지난 뒤에는 (빠르면 2, 3년) 이전보다 불행해진다.

그들에게 무슨 일이 일어났는지를 세 가지 자본(자산)으로 설명해보겠다.

먼저 복권 당첨금을 받아 금융자산이 최대가 돼, 느닷없이 '경제적 독립'을 하게 된다. 매일 자유롭게 하고 싶은 일만 하면서 지낼 수 있기에 당연히 행복감도 최고다.

그런데 여기서 두 번째 변화가 찾아온다. 억만장자가 된 뒤에도 계속 재미없는 일을 하려는 사람은 없기에 다들 서둘러 사표를 낸다. 이것으로 인적 자본이 제로가 돼버린다.

이어서 세 번째 변화가 일어난다. 억만장자가 된 사실을 알게 된 형제자매, 친척, 학창 시절 친구, 한때 알았던 지인이 돈을 노리고 속속 찾아온다. 그 결과, 사람을 믿지 못하게 되고 모든 교우 관계를 끊는 것이 정해진 패턴이다. 이렇게 사회 자본도 제로가 돼버린다.

복권에 당첨된 행복한 사람은 단기간에 인적 자본과 사회 자본을 잃고 금융자산만 남게 된다. 그래도 돈이 충분하다면 문제 될 것이 없겠지만, 여기에도 함정이 있다. 스스로 돈을 버는 사람은 돈 쓰는 방법이나 절약하는 방법을 익힌다. 그러나 갑자기 큰돈이 굴러들어오면 대부분 호화로운 저택을 사거나 솔깃한 투자 이야기에 빠져 순식간에 전 재산을 날려버린다.

그렇게 해서 금융자산마저 잃으면 인적 자본과 사회 자본은 이미 남아 있지 않은 터라 오직 '빈곤'만이 기다릴 뿐이다.

한편 행복처럼 불행도 한계효용이 줄어든다.

교통사고로 양다리를 잃은 사람의 행복도를 조사하면, 당연히 사고 직후에는 불행에 몸부림친다. 하지만 몇 개월 만에 사고 이전과 다름없는 행복도를 회복한다. 어째서 이런 일이 일어날까? 바로 사람에게는 (정확히 말하면 뇌에는) 자신에게 일어난 일을 긍정적으로 생각하려는 습성이 있기 때문이다. 달리 말해 모든 것을 자기 좋을 대로 해석한다.

상처가 치유되고 휠체어를 탈 무렵이 되면 처음 생각보다 훨씬 자유롭게 움직일 수 있다는 사실을 깨닫는다. 가족이나 문병을 온 친구들에게서 "그런 사고를 당하고도 살아난 게 기적"이라는 말을 듣기도 할 것이다. 이렇게 해서 휠체어 생활에 익숙해질 즈음에는 '나는 운이 좋았다'고 긍정적으로 생각하게 되고, 행복감이 커진다. 어쩌면 패럴림픽을 목표로 훈련을 시작할지도 모른다.

배우자나 자식이 먼저 세상을 떠났을 때는 마음이 몹시 아프지만, 그것도 이윽고 치유돼 몇 년 뒤에는 원래의 행복감을 회복한다(어른이 된 뒤에 형제자매가 죽은 경우에는 거의 불행을 느끼지 않는다). 사별도 이 정도이니 이혼 같은 아픔은 몇 개월 만에 거뜬히 회복한다. 여성은 결혼 생활을 할 때보다 오히려 행복도가 높아진다. 이것도 역시 무의식중에 긍정적인 것을 찾으려는 습성 때문이다(닐 파스리차(Neil Pasricha), 《행복 방정식(The Happiness Equation)》).

이런 연구로 알 수 있듯 행복은 흘러가는 물을 쫓는 것과 같아 결코 손에 넣을 수 없다.

진화론적으로 말하면, 사람은 불행에서의 회복력을 손에 넣기 위해 행복을 희생시킨다. 살면서 수많은 사건과 조우하고 일시적으로 행복하거나 불행해지지만, 그 감정은 어느새 평소 수준으로 돌아온다.

이상적인 인생 설계 포트폴리오를 손에 넣으면 가족 관계나 건강 문제 같은 도저히 어쩔 수 없는 문제(운명)를 제외하면 일상적인 스트레스는 거의 없어진다. 그러나 그것은 주관적으로는 '남보다 조금 행복한' 정도의 삶일지도 모른다.

**행복과 역경의 불편한 관계**

그렇다면 진짜 행복은 어디에 있을까?

뉴욕주립대학 버펄로캠퍼스 심리학자 마크 D. 시리(Mark D. Seery)는 2010년에 발표한 〈어떤 시련도 극복할 수 있다(Whatever Does Not Kill Us)〉라는 논문에서 "트라우마 체험은 우울증이나 불안증 같은 질병에 걸릴 위험성을 높인다."라는 당시까지의 통설에 이의를 제기했다.

시리는 미국인 2000명을 대상으로 대대적인 연구를 벌여, 심각한 병이나 부상, 친구나 연인의 죽음, 경제적인 큰 문제, 학대나 성폭력 피해 등 다양한 역경을 체험한 사람의 4년 뒤 건강 상태를 조사했다.

과거에 트라우마가 될 법한 큰 불행을 겪었거나 지금도 빈곤으로 어려움을 겪는 사람의 행복도가 낮은 것은 당연하다. 그런데 그 조사 결과가 보여주는 것은 뒤집힌 U 자 곡선으로, 우울증 위험이 낮고 건강 문제가 매우 적으며 인생에 대한 만족감이 가장 높은 것은 역경을 경험한 수가 중간 정도 되는 사람들이었다. 역경 경험이 가장 많은 사람들은 물론 역경을 경험하지 않은 사람도 우울 상태가 되는 일이 잦고, 건강상의 문제도 많았으며, 인생에 대한 만족도도 낮았다.

여기에 덧붙여 최근에 역경을 체험한 사람을 새로 조사한 결과, 과거에 수많은 역경을 경험한 사람은 역경을 그다지 경험한 적 없는 사람에 비해 우울 상태가 되거나 건강 문제가 발생하는 경우가 적다는 사실도 알았다.

대부분 사람은 인생에 역경 따위는 없는 편이 낫다고 생각할 것이다. 하지만 역경을 거의 경험하지 않은 사람들은 어느 정도 힘든 일을 경험한 사람에 비해 행복감이 낮고 건강 상태도 나빴다. 뿐만 아니라 과거에 역경을 한 번도 경험한 적이 없는 사람들은 역경을 평균치 경험한 사람들에 비해 인생에 대한 만족도가 훨씬 낮았다.

시리의 연구는 "고통에 감사하라는 말인가?"라고 격한 반발심을 불러일으키지만, 생각해보면 이 결과는 그리 놀라운 것도 아니다. 인생을 게임에 비유하면, 어떤 역경도 없이 앞으로 나아가기만 하는 게임은 재미가 없다(대저택에 사는 도련님이 인생에 절망한다는 스토리는 흔하다). 어려운 상황은 이를 극복해낸 지금에 와서 돌이켜보면 긍정적인 체험으로 변해 있다.

이 현상을 이해하는 포인트는 '역경은 이미 과거의 것'이라는 데 있다. 그렇지 않다면 역경에 농락당하고 사회의 밑바닥으로 굴러떨어지든가, 자칫 생명을 잃었을 수도 있기에 "역경은 인생의 만족도를 높인다."는 말은 일종의 토톨로지다.

고난이 클수록 그것을 극복해냈을 때의 행복감 역시 크다면, 행복은 이상적인 인생 포트폴리오에 있지 않다는 것을 알 수 있다.

어쩌면 행복한 인생을 목표로 분발할 때가 가장 행복한 것일지도 모른다.

이 책을 쓴 계기는 행복한 인생의 토대란 무엇인가에 대해 작가 와타나베 이치로(渡辺一朗)와 가졌던 인터뷰다. 이 인터뷰를 바탕으로, 내가 쓴 책들을 업데이트하는 형식으로 새로 정리해봤다. 동일본 대지진을 겪고 2011년 7월에《대지진 이후에 인생을 이야기한다는 것(大震災の後で人生について語るということ)》을 출간하면서 이제 인생 설계에 대해서는 다 이야기했다는 생각이 들었다. 그런데 이번에 '세 가지 자본(자산) 포트폴리오'라는 시점에서 행복의 자본론을 정리해보니 새로운 발견을 했다는 사실을 깨달았다.

원래 행복은 신의 전매특허였다. 그런데 다윈(Charles Darwin) 이후 우리는 더 이상 신에게 기댈 수 없게 됐다. 행복은 주관적이지만, 그렇기에 더욱 자신의 행복에 대해서는 스스로 생각하고 '설계'하는 수밖에 없는 것이다.

이 책에서 수많은 연구를 증거로 제시하긴 했지만, 다른 모든 행복론과 마찬가지로 내 개인적인 체험에 근거하고 있음은 틀림없는 사실이다. 마흔에 프리 에이전트가 됐을 때, 인생을 가능한 한 단순하게 만들고 싶었다. 그 후 매일 책을 읽고, 글을 쓰고, 때때로 축구 경기를 보는 것 외에는 거의 변화 없는 생활을 하고 있다. 텔레비전에 출연하면 여러 자극을 받을지도 모르겠지만, 내 캐릭터와 맞지 않는 것 같아 그럴 마음은 생기지 않는다. 대신 1년 중 몇 개월은 여행을 떠난다.

경제적으로 독립한 일개 작가로서, 어떤 조직에도 속하지 않고, 누구의 눈치도 볼 필요 없이 좋을 대로 쓰며, (비판까지 포함해) 독자의 의견을 사회 자본으로 삼았다. 아무도 읽어주지 않는다면 그것으로 끝이라고 생각한다. 소박하지만 내게는 더 바랄 것이 없는 인생이다.

작가가 되고부터 줄곧 이 일을 '독자를 찾는 여행'이라 여겨왔다. 한편으로 독자 역시 저자를 찾고 있을 것이다.

모든 사람에게 맞는 보편적인 행복의 법칙이란 없다. 이 책도 모든 독자를 만족시키지 못할 테지만, 그것은 어쩔 수 없는 일이기도 하다. 그러나 심리학자는 어떤 조언이 유효한지 분명히 밝혔다. 그 원칙은 아주 간단하다.

**사람은 자신과 비슷한 사람이 건네는 조언에서 큰 힘을 얻는다.**

이 책이 '나와 비슷한' 당신의 인생에 어떻게든 도움이 되기를 바란다.

행복의 자본론
얼마를 벌어야 행복해질까

초판 1쇄 인쇄 2018년 7월 6일
초판 1쇄 발행 2018년 7월 13일

지은이 | 다치바나 아키라
옮긴이 | 박재현
펴낸이 | 金湞珉
펴낸곳 | 북로그컴퍼니
편집부 | 김옥자·서진영·김현영
디자인 | 김승은·송지애
마케팅 | 이예지·김은비
경영기획 | 김형곤
주소 | 서울시 마포구 월드컵북로1길 60(서교동), 5층
전화 | 02-738-0214
팩스 | 02-738-1030
등록 | 제2010-000174호

ISBN 979-11-89166-27-4 03300


· 이 도서의 국립중앙도서관 출판예정도서목록(CIP)은 서지정보유통지원시스템 홈페이지(http://seoji.nl.go.kr)와 국가자료공동목록시스템(http://www.nl.go.kr/kolisnet)에서 이용하실 수 있습니다.(CIP제어번호: CIP2018020594)